Texte der schriftlichen
Latinumsprüfung

Ausgewählt,
erläutert und übersetzt
von
Reinhild Fuhrmann

Redaktion: Werner Schmidt
Umschlaggestaltung: Matthias Mantey
Gestaltung und technische Umsetzung:
Manuela Frempong-Mensah

www.cornelsen.de

2. Auflage €, 3. Druck 2008

Alle Drucke dieser Auflage sind inhaltlich unverändert
und können im Unterricht nebeneinander verwendet werden.

Druck: Druckhaus Thomas Müntzer, Bad Langensalza

ISBN 978-3-464-79718-1

 Inhalt gedruckt auf säurefreiem Papier aus nachhaltiger Forstwirtschaft.

Inhaltsverzeichnis

	Text	sprachliche Erläuterungen	Übersetzung

Vorwort

Die vorliegende Textsammlung enthält ausschließlich originale Prüfungsklausuren aus dem gesamten Bundesgebiet zum „Kleinen Latinum" und zum „Latinum". Sie soll der eigenständigen Vorbereitung auf die in den einzelnen Bundesländern unterschiedlichen Prüfungsanforderungen dienen.

Sie ist in erster Linie für Studentinnen und Studenten gedacht, die die oben genannten Sprachqualifikationen als Voraussetzung für diverse Studiengänge erwerben müssen, aber auch für Studierende des Faches Latein, die ihre Grammatikkenntnisse auffrischen wollen; sie kann auch für Schülerinnen und Schüler von Arbeitsgemeinschaften und zur Vorbereitung auf das Abitur nützlich sein.

Da Cicero der Autor ist, der am häufigsten in den Latinumskursen gelesen wird, und seinem Werk die meisten Prüfungstexte entnommen sind, nimmt er auch hier eine exponierte Stellung ein. Da Seneca als Prüfungsautor immer mehr an Bedeutung gewinnt, wurden in der 2. Auflage auch fünf Prüfungstexte aus den Werken Senecas aufgenommen.

Die Texte sind in den Prüfungen mit Einleitungen und Anmerkungen unterschiedlicher Quantität ausgestattet und hier in dieser Form wiedergegeben. Ich habe versucht, dieser Tatsache innerhalb der „grammatikalischen Erläuterungen" Rechnung zu tragen. Besonders schwierige Satzgefüge sind durch graphische Satzmodelle erläutert.

Die „grammatikalischen Erläuterungen" im Lösungsteil beziehen sich in der Angabe der Paragraphen auf folgende Grammatiken: Manfred Blank, Werner Fortmann u. a.: VIDEO. Anschauliche lateinische Kurzgrammatik. Berlin: Cornelsen 1999; Bornemann: Lateinisches Unterrichtswerk – Kurzgefaßte Lateinische Sprachlehre", Cornelsen Verlag Berlin, [19] 1995 (zitiert nach Paragraphen). Es kann aber auch jede andere lateinische Grammatik mit Hilfe des dortigen Index benutzt werden.

Danken möchte ich vor allem meinem langjährigen Freund und Kollegen Dr. Bernhard Goldmann, der mir in unermüdlicher Geduld mit Rat und Tat zur Seite gestanden hat. Dank gilt auch den Kolleginnen Höffler-Preißmann, Holch und Hubrecht, die mir mit ihren Anregungen und Korrekturen eine große Hilfe waren. Dankend erwähnen möchte ich noch den „Dozentenkreis Latinum/Graecum", der mich ermutigt hat, die Übersetzungen so zu gestalten, dass sie dem heutigen deutschen Sprachgebrauch entsprechen, die lateinischen Satzkonstruktionen aber nicht vernachlässigen. Nicht ungenannt bleiben dürfen meine Kinder Lena und Yannick, ohne deren Rücksichtnahme diese Arbeit nicht möglich gewesen wäre.

Göttingen, März 2000

A Textteil

I Prüfungstexte Cicero

Cicero, Text 1 (pro Archia 23 f.)

Nam si quis minorem gloriae fructum putat ex Graecis versibus percipi quam ex Latinis, vehementer errat, propterea quod Graeca leguntur in omnibus fere gentibus, Latina suis finibus exiguis sane continentur. Qua re si res eae, quas gessimus, orbis terrae regionibus definiuntur, cupere debemus, quo hominum nostrorum tela pervenerint, eodem gloriam famamque penetrare, quod cum ipsis 5 populis, de quorum rebus scribitur, haec ampla sunt, tum eis certe, qui de vita gloriae causa dimicant, hoc maximum et periculorum incitamentum est et laborum. Quam multos scriptores rerum suarum magnus ille Alexander secum habuisse dicitur! Atque is tamen, cum in Sigeo ad Achillis tumulum astitisset: ,o fortunate,' inquit, ,adulescens, qui tuae virtutis Homerum praeconem inveneris!' Et vere. Nam 10 nisi Ilias illa exstitisset, idem tumulus qui corpus eius contexerat nomen etiam obruisset.

Quid? Noster hic Magnus, qui cum virtute fortunam adaequavit, nonne Theophanem Mytilenaeum, scriptorem rerum suarum, in contione militum civitate donavit, et nostri illi fortes viri, sed rustici ac milites, dulcedine quadam gloriae commoti 15 quasi participes eiusdem laudis magno illud clamore approbaverunt? Itaque, credo, si civis Romanus Archias legibus non esset, ut ab aliquo imperatore civitate donaretur, perficere non potuit.

Cicero, Text 2 (Cat. 2, 12–14)

Cicero berichtet am 9. Nov. 63 dem Volk über die jüngsten Ereignisse und die Senatssitzung vom Vortag im Tempel des Iuppiter Stator. Dabei muss er sich mit dem Vorwurf auseinandersetzen, er habe Catilina ins Exil geschickt.

Hesterno die, cum domi meae paene interfectus essem, senatum in aedem Iovis Statoris convocavi, rem omnem ad patres conscriptos detuli. Quo cum Catilina venisset, quis eum senator appellavit? Quis salutavit? Quis denique ita aspexit ut perditum civem ac non potius ut importunissimum hostem? Quin etiam princi-
5 pes eius ordinis partem illam subselliorum, ad quam ille accesserat, nudam atque inanem reliquerunt. Hic ego vehemens ille consul, qui verbo cives in exsilium eicio[1], quaesivi a Catilina, utrum in nocturno conventu apud M. Laecam fuisset necne. Cum ille homo audacissimus conscientia convictus primo reticuisset, patefeci cetera: quid ea nocte egisset, ubi fuisset, quid in proximam constituisset, quemad-
10 modum esset ei ratio totius belli descripta, edocui. Cum haesitaret, cum teneretur, quaesivi, quid dubitaret proficisci eo, quo iam pridem pararet, cum arma, cum secures, cum fasces[2], cum tubas, cum signa militaria, cum aquilam illam argenteam[3], cui ille etiam sacrarium domi suae fecerat, scirem esse praemissam.

In exsilium eiciebam, quem iam ingressum esse in bellum videbam? Etenim, credo,
15 Manlius iste centurio[4], qui in agro Faesulano castra posuit, bellum populo Romano suo nomine indixit, et illa castra nunc non Catilinam ducem exspectant, et ille eiectus in exsilium se Massiliam, ut aiunt, non in haec castra confert.

---

1 Vgl. die Einleitung! Cicero meint diese Worte ironisch.
2 12 Rutenbündel und Beile sind die Insignien der Konsulwürde. Cicero unterstellt Catilina also, dieser wolle in Etrurien als Konsul auftreten.
3 Es soll sich dabei um den silbernen Legionsadler handeln, der beim Sieg des Marius über die Kimbern und Teutonen dessen Feldzeichen war. Für Catilina ist er eine Art heiliges, Glück bringendes Maskottchen.
4 Manlius führt Catilinas Heer in Etrurien und ist ein ehemaliger Centurio Sullas. Der ganze Satz ist ironisch gemeint!

Cicero, Text 3 (Cat. 2, 1–2)

*Nachdem Catilina Rom verlassen hat, hält Cicero vor der Volksversammlung
eine Rede, aus der die folgende Passage entnommen ist:*

Tandem aliquando, Quirites, L. Catilinam, furentem audacia, scelus anhelan-
tem, pestem patriae nefarie molientem, vobis atque huic urbi ferro flammaque
minitantem ex urbe vel eiecimus vel emisimus vel ipsum[1] egredientem verbis prose-
cuti[2] sumus. Abiit, excessit, evasit, erupit.
Nulla iam pernicies a monstro illo atque prodigio moenibus ipsis intra moenia 5
comparabitur. Atque hunc quidem unum huius belli domestici ducem sine contro-
versia vicimus. Non enim iam inter latera nostra[3] sica illa versabitur, non in campo[4],
non in foro, non in curia, non denique intra domesticos parietes pertimescemus.
Loco ille motus est, cum est ex urbe depulsus. Palam iam cum hoste nullo impe-
diente   10
bellum iustum geremus. Sine dubio perdidimus hominem magnificeque vicimus,
cum illum ex occultis insidiis in apertum latrocinium coniecimus. Quod[5] vero non
cruentum mucronem, ut voluit, extulit, quod vivis nobis egressus est, quod ei
ferrum e manibus extorsimus, quod incolumis civis, quod stantem urbem reliquit,
quanto tandem illum maerore esse adflictum et profligatum putatis? Iacet ille nunc 15
prostratus, Quirites, et se perculsum atque abiectum esse sentit et retorquet oculos
profecto saepe ad hanc urbem, quam e suis faucibus ereptam esse luget: quae
quidem mihi laetari videtur, quod tantam pestem evomuerit forasque proiecerit.

---

1 ipsum = sua sponte
2 verbis prosequi = mit guten Wünschen geleiten
3 inter latera nostra = zwischen unseren Rippen
4 campo = erg. Martio
5 quod = dass

8

Cicero, Text 4 (Cat. 3, 5–6)

*Der Konsul Cicero hatte erfahren, dass zwischen einer in Rom weilenden Ge-
sandtschaft des Stammes der gallischen Allobroger und Verschwörern in der
Hauptstadt Kontakt aufgenommen worden war. Cicero wusste außerdem, dass
die Gesandten auf ihrem Heimweg nordwärts einen Brief der Catilinarier mit
sich führten und von einem Beauftragten der Verschwörer namens T. Volturcius
begleitet wurden.*
Über die anschließenden Vorgänge berichtet Cicero selbst:

Itaque hesterno die L. Flaccum et C. Pomptinum praetores, fortissimos atque
amantissimos rei publicae viros, ad me vocavi, rem exposui, quid fieri placeret,
ostendi. Illi autem, qui omnia de re publica praeclara atque egregia sentirent, sine
recusatione ac sine ulla mora negotium susceperunt et, cum advesperasceret,
5 occulte ad pontem Mulvium[1] pervenerunt atque ibi in proximis villis ita bipertito[2]
fuerunt, ut Tiberis inter eos et pons interesset. Eodem autem et ipsi sine cuiusquam
suspicione multos fortes viros eduxerant, et ego ex praefectura Reatina[3] complures
delectos adulescentes, quorum opera utor adsidue in rei publicae praesidio, cum
gladiis miseram. Interim tertia fere vigilia exacta, cum iam pontem Mulvium magno
10 comitatu legati Allobroges ingredi inciperent unaque Volturcius, fit in eos impetus;
ducuntur et ab illis gladii et a nostris. Res praetoribus erat nota solis, ignorabatur
a ceteris. Tum interventu Pomptini atque Flacci pugna, quae erat commissa, seda-
tur. Litterae, quae erant in eo comitatu, integris signis[4] praetoribus traduntur; ipsi
comprehensi ad me, cum iam dilucesceret, deducuntur. Atque horum omnium sce-
15 lerum improbissimum machinatorem, Cimbrum Gabinium, statim ad me vocavi.

---

1 pons Mulvius = die milvische Brücke (5 km nördlich von Rom)
2 bipertito = hier: auf beiden Seiten
3 praefectura Reatina = der Bezirk von Reate (im Sabinerland)
4 signum = hier Siegel (an der Verschnürung der als Brief dienenden Schreibtafel)

Cicero, Text 5   (pro Cluentio 7 ff.)

Cluentius hatte acht Jahre vor der Rede, aus der die folgende Stelle stammt, sei-
nen Stiefvater beschuldigt, gegen ihn einen Giftmord versucht zu haben. Der
Stiefvater wurde damals tatsächlich verurteilt. Hartnäckig hielt sich das
Gerücht, Cluentius habe seinerzeit die Richter bestochen. Gegen diesen Vorwurf
verteidigt ihn Cicero:

Ego me, iudices, eam causam accedere, quae iam per annos octo continuos ex
contraria parte[1] audiatur atque ipsa opinione hominum tacita prope convicta
atque damnata sit, facile intellego; sed si qui mihi deus vestram ad me audiendum
benevolentiam conciliarit, efficiam profecto, ut intellegatis nihil esse homini tam
timendum quam invidiam, nihil innocenti suscepta invidia tam optandum quam   5
aequum iudicium, quod in hoc uno denique falsae infamiae finis aliqui atque exitus
reperiatur. Quam ob rem magna me spes tenet, si, quae sunt in causa[2], explicare
atque omnia dicendo consequi potuero, hunc locum consessumque vestrum, quem
illi horribilem A. Cluentio ac formidolosum fore putaverunt, eum tandem eius
fortunae miserae multumque iactatae portum ac perfugium futurum. Tametsi per-   10
multa sunt, quae mihi, ante quam de causa dico, de communibus invidiae periculis
dicenda esse videantur, tamen, ne diutius oratione mea suspensa[3] exspectatio
vestra teneatur, adgrediar ad crimen cum illa deprecatione, iudices, qua mihi saepi-
us utendum esse intellego, sic ut me audiatis, quasi hoc tempore haec causa primum
dicatur[4], sicuti dicitur, non quasi saepe iam dicta et numquam probata sit. Hodier-   15
no enim die primum veteris istius criminis diluendi potestas est data, ante hoc tempus error in hac causa atque invidia versata est.

---

1   ex contraria parte = in negativer Weise
2   quae sunt in causa = was zu dem Fall gehört
3   aliquis suspensus tenetur = jemand wird auf die Folter gespannt (im übertragenen Sinn)
4   dicere = hier: verhandeln

Cicero, Text 6 (de oratore 30 ff.)

Cicero über die Kunst der Rede:

Neque vero mihi quicquam praestabilius videtur, quam posse dicendo tenere hominum mentes, adlicere voluntates, impellere, quo velis, unde autem velis, deducere: haec una res in omni libero populo maximeque in pacatis tranquillisque civitatibus praecipue semper floruit semperque dominata est. Quid enim est aut tam
5 admirabile, quam[1] ex infinita multitudine hominum exsistere unum, qui id, quod omnibus natura sit datum, vel solus vel cum perpaucis facere possit? Aut tam iucundum cognitu atque auditu, quam sapientibus sententiis gravibusque verbis ornata oratio et polita? Aut tam potens tamque magnificum, quam populi motus, iudicum religiones, senatus gravitatem unius oratione converti? Quid tam porro
10 regium, tam liberale, tam munificum, quam opem ferre supplicibus, excitare adflictos, dare salutem, liberare periculis, retinere homines in civitate? Quid autem tam necessarium, quam tenere semper arma, quibus vel tectus ipse esse possis vel provocare integer vel te ulcisci lacessitus? Age vero[2], ne semper forum, subsellia, rostra curiamque meditere, quid esse potest in otio aut iucundius aut magis proprium hu-
15 manitatis, quam sermo facetus ac nulla in re rudis?
Hoc enim uno praestamus vel maxime feris, quod conloquimur inter nos et quod exprimere dicendo sensa possumus. Quam ob rem quis hoc non iure miretur summeque in eo elaborandum esse arbitretur, ut, quo uno homines maxime bestiis praestent, in hoc hominibus ipsis antecellat?

---

1 quam mit folg. AcI = wie wenn
2 age vero = ferner aber

Cicero, Text 7 (de imp. 12–13)

Maiores nostri saepe pro mercatoribus aut naviculariis nostris iniuriosius trac-
tatis bella gesserunt; vos tot milibus civium Romanorum uno nuntio atque
uno tempore necatis quo tandem animo esse debetis? Legati quod erant appellati
superbius, Corinthum patres vestri totius Graeciae lumen exstinctum esse voluerunt; vos eum regem inultum esse patiemini, qui legatum populi Romani consula-   5
rem vinculis ac verberibus atque omni supplicio excruciatum necavit? Illi libertatem imminutam civium Romanorum non tulerunt; vos ereptam vitam neglegetis?
Ius legationis verbo violatum illi persecuti sunt; vos legatum omni supplicio inter-
fectum relinquetis? Videte, ne, ut illis pulcherrimum fuit tantam vobis imperi
gloriam tradere, sic vobis turpissimum sit id, quod accepistis, tueri et conservare   10
non posse.
Quid? Quod salus sociorum summum in periculum ac discrimen vocatur, quo id
tandem animo ferre debetis? Regno est expulsus Ariobarzanes rex, socius populi
Romani atque amicus; imminent duo reges toti Asiae non solum vobis inimicissimi,
sed etiam vestris sociis atque amicis; civitates autem omnes cuncta Asia atque   15
Graecia vestrum auxilium exspectare propter periculi magnitudinem coguntur;
imperatorem a vobis certum deposcere, cum praesertim vos alium miseritis, neque
audent neque id se facere sine summo periculo posse arbitrantur.

Cicero, Text 8   (pro Murena 78 ff.)

*Cicero verteidigt gegen Ende seines Konsulats seinen Parteifreund Murena, der
für das Jahr 62 zum Konsul gewählt worden ist, und wendet sich dabei erneut gegen Catilina und seine Anhänger:*

N on usque eo L. Catilina rem publicam despexit atque contempsit, ut ea copia,
quam secum eduxit, se hanc civitatem oppressurum arbitraretur. Latius patet
illius sceleris contagio, quam quisquam putat, ad plures pertinet. Intus, intus, inquam, est equus Troianus; a quo numquam me consule dormientes opprimemini.
5   Quaeris[1] a me, ecquid ego Catilinam metuam. Nihil, et curavi, ne quis metueret, sed
copias illius, quas hic video, dico esse metuendas; nec tam timendus est nunc exercitus L. Catilinae quam isti, qui illum exercitum deseruisse dicuntur. Non enim deseruerunt, sed ab illo in speculis[2] atque insidiis relicti in capite atque in cervicibus
nostris restiterunt[3] . Hi et integrum consulem et bonum imperatorem et natura et
10   fortuna cum rei publicae salute coniunctum deici de urbis praesidio et de custodia
civitatis vestris sententiis[4] deturbari[5] volunt. Quorum ego ferrum et audaciam reieci in campo, debilitavi in foro, compressi etiam domi meae saepe, iudices; his vos si
alterum consulem tradideritis, plus multo erunt vestris sententiis quam suis gladiis
consecuti. Magni interest, iudices, id, quod ego multis repugnantibus egi atque perfeci, esse Kalendis Ianuariis in re publica duo consules.
15

---

1   Cicero wendet sich an den Ankläger
2   in speculis = auf der Lauer
3   restiterunt = von restare
4   sententia = die Stimme
5   deturbare aliquem de = jemanden an etwas hindern

Cicero, Text 9 (Philippica 13, 7–8)

Nach der Ermordung Caesars rät Cicero zum sofortigen Krieg gegen den Cae-
sarfreund M. Antonius und seine Anhänger. Der angesehene Senator Lepidus
mahnt hingegen zum Frieden.
Mit dieser Meinung und der Person des Lepidus setzt sich Cicero im folgenden
auseinander:

A t enim nos M. Lepidus, imperator iterum, pontifex maximus, optime proximo
civili bello de re publica meritus, ad pacem adhortatur. Nullius apud me, patres conscripti, auctoritas maior est quam M. Lepidi vel propter ipsius virtutem vel
propter familiae dignitatem. Accedunt eodem multa privata magna eius in me me-
rita, mea quaedam officia in illum. Maximum vero eius beneficium numero, quod 5
hoc animo in rem publicam est, quae mihi vita mea semper fuit carior. Nam cum
Magnum Pompeium[1], clarissimum adulescentem, praestantissimi viri filium, auctoritate adduxit ad pacem remque publicam sine armis maximo civilis belli periculo liberavit, tum me eius beneficio plus quam pro virili parte obligatum puto. Itaque
et honores ei decrevi, quos potui amplissimos, in quibus mihi vos estis adsensi, nec 10
umquam de illo et sperare optime et loqui destiti. Magnis et multis pignoribus M.
Lepidum res publica inligatum tenet. Summa nobilitas est, omnes honores, amplis-
simum sacerdotium, plurima urbis ornamenta, ipsius, fratris maiorumque monu-
menta; probatissima uxor, optatissimi liberi, res familiaris cum ampla tum casta a
cruore civili. Nemo ab eo civis violatus, multi eius beneficio et misericordia libera- 15
ti. Talis igitur vir et civis opinione labi potest, voluntate a re publica dissidere nullo
pacto potest.

---

1 Magnus Pompeius = Sextus Pompeius, der Sohn des berühmten Caesargegners Pompeius

Cicero, Text 10 (Philippica 6, 2)

Causa fortissimis optimisque consulibus Kalendis Ianuariis de re publica primum referendi fuit ex eo, quod ante diem xiii. Kalendas Ianuarias senatus me auctore decrevit. Eo die primum, Quirites, fundamenta sunt iacta rei publicae: fuit enim longo intervallo ita liber senatus, ut vos aliquando liberi essetis. Quo quidem
5 tempore, etiam si ille dies vitae finem mihi adlaturus esset, satis magnum ceperam fructum, cum vos universi una mente atque voce iterum a me conservatam esse rem publicam conclamastis.

Hoc vestro iudicio tanto tamque praeclaro excitatus ita Kalendis Ianuariis veni in senatum, ut meminissem, quam personam impositam a vobis sustinerem. Itaque
10 bellum nefarium inlatum rei publicae cum viderem, nullam moram interponendam insequendi M. Antonium putavi, hominemque audacissimum, qui multis nefariis rebus ante commissis hoc tempore imperatorem populi Romani oppugnaret, coloniam vestram fidissimam fortissimamque obsideret, bello censui persequendum: tumultum esse decrevi, iustitium edici, saga sumi dixi placere, quo omnes acrius
15 graviusque incumberent ad ulciscendas rei publicae iniurias, si omnia gravissimi belli insignia suscepta a senatu viderent. Itaque haec sententia, Quirites, sic per triduum valuit, ut, quamquam discessio facta non esset, tamen praeter paucos omnes mihi adsensuri viderentur.

Cicero, Text 11 (Philippica 6, 3 f.)

Ciceros Philippische Reden führen uns mitten hinein in die nach der Ermordung Caesars in Rom ausgebrochenen Wirren. Der Konsul M.Antonius, ein Partei-gänger Caesars, hatte Truppen aus Brundisium (heute: Brindisi) herbeigeholt, mit denen er zunächst seine Macht in Rom absicherte und dann den designier-ten Konsul des folgenden Jahres, D. Brutus, einen der Mörder Caesars, in der Stadt Mutina (heute: Modena) belagert. Der Senat in Rom versuchte, zwischen beiden zu vermitteln und beschloss, eine Friedensgesandtschaft an Antonius zu schicken. Dagegen wandte sich Cicero in einer Rede an das Volk:

Intellego, Quirites, a vobis hanc sententiam repudiari, neque iniuria[1]. Ad quem enim legatos? Ad eumne, qui pecunia publica dissipata atque effusa per vim et contra auspicia impositis rei publicae legibus, fugata contione, obsesso senatu, ad opprimendam rem publicam Brundisio legiones arcessierit, ab eis relictus cum la-tronum manu in Galliam inruperit, Brutum oppugnet, Mutinam circumsedeat? 5
Quae vobis potest cum hoc gladiatore condicionis, aequitatis, legationis esse com-munitas? Quamquam[2], Quirites, non est illa legatio, sed denuntiatio belli, nisi paruerit: ita enim est decretum, ut si[3] legati ad Hannibalem mitterentur. Mittuntur enim, qui nuntient, ne oppugnet consulem designatum, ne Mutinam obsideat, ne provinciam depopuletur, ne dilectus habeat, sit in senatus populique Romani pote- 10
state. Facile[4] vero huic denuntiationi parebit, ut in patrum conscriptorum atque in vestra potestate sit, qui in sua numquam fuerit! Quid enim ille umquam arbitrio suo fecit? Semper eo tractus est, quo libido rapuit, quo levitas, quo furor, quo vinolen-tia; semper eum duo dissimilia genera tenuerunt, lenonum et latronum; ita dome-sticis stupris, forensibus parricidiis delectatur, ut mulieri citius avarissimae paruerit 15
quam senatui populoque Romano. Itaque, quod paulo ante feci in senatu, faciam apud vos.

---

1 iniuria = zu Unrecht
2 quamquam = indes, jedoch
3 ut si = wie wenn, als ob
4 facile = natürlich ironisch gemeint

Cicero, Text 12 (Philippica 2, 23 ff.)

Nach Caesars Ermordung setzt sich Cicero in einer seiner Reden gegen Antonius mit schwerwiegenden Vorwürfen des Antonius auseinander:

Quod vero dicere ausus es idque multis verbis, opera mea Pompeium a Caesaris amicitia esse diiunctum ob eamque causam culpa mea bellum civile esse natum, in eo non tu quidem tota re, sed, quod maximum est, temporibus[1] errasti. Ego
5 M. Bibulo[2], praestantissimo civi, consule nihil praetermisi, quantum facere enitique potui, quin Pompeium a Caesaris coniunctione avocarem. In quo Caesar felicior fuit. Ipse enim Pompeium a mea familiaritate diiunxit. Postea vero quam se totum Pompeius Caesari tradidit, quid ego illum ab eo distrahere conarer? Stulti erat sperare, suadere impudentis. Duo tamen tempora inciderunt, quibus aliquid contra Caesarem Pompeio suaserim. Ea velim reprehendas, si potes: unum, ne quinquen-
10 ni imperium[3] Caesari prorogaret, alterum, ne pateretur ferri, ut absentis[4] eius ratio haberetur[5]. Quorum si utrumvis persuasissem, in has miserias numquam incidissemus. Atque idem ego, cum iam opes omnes et suas et populi Romani Pompeius ad Caesarem detulisset, seroque ea sentire coepisset, quae multo ante provideram, inferrique patriae bellum viderem nefarium, pacis, concordiae, compositionis
15 auctor esse non destiti, meaque illa vox est nota multis: „Utinam, Cn. Pompei, cum C. Caesare societatem aut numquam coisses aut numquam diremisses!"

---

1 temporibus = hinsichtlich der zeitlichen Abfolge
2 Bibulus war 59 Caesars Mitkonsul
3 imperium = das Kommando (in Gallien)
4 absentis = ein Gesetz sollte es Caesar ermöglichen, sich von der Provinz aus zu bewerben.
5 rationem alicuius habere = jemanden berücksichtigen

Cicero, Text 13 (Philippica 5, 2–4)

Hic enim dies vobis, patres conscripti, inluxit, haec potestas data est, ut, quantum virtutis, quantum constantiae, quantum gravitatis in huius ordinis consilio esset, populo Romano declarare possetis. Recordamini, qui dies nudius tertius decimus fuerit, quantus consensus vestrum, quanta virtus, quanta constantia; quantam sitis a populo Romano laudem, quantam gloriam, quantam gratiam cons- 5
ecuti. Atque illo die, patres conscripti, ea constituistis, ut vobis iam nihil sit integrum nisi aut honesta pax aut bellum necessarium. Pacem volt M. Antonius? Arma deponat, roget, deprecetur. Neminem aequiorem reperiet quam me, cui, dum se civibus impiis commendat, inimicus quam amicus esse maluit. Nihil est profecto, quod possit dari bellum gerenti; erit fortasse aliquid, quod concedi possit roganti; 10
legatos vero ad eum mittere, de quo gravissimum et severissimum iudicium nudius tertius decimus feceritis, non iam levitatis est, sed, ut, quod sentio, dicam, dementiae. Primum duces eos laudavistis, qui contra illum bellum privato consilio suscepissent; deinde milites veteranos, qui, cum ab Antonio in colonias essent deducti, illius beneficio libertatem populi Romani anteposuerunt. Quid? Legio Martia: 15
Quid? Quarta, cur laudantur? Si enim consulem suum reliquerunt, vituperandae sunt; si inimicum rei publicae, iure laudantur.

Cicero, Text 14 (de imp. 7–8)

Die Art des Krieges gegen einen Feind wie Mithridates verlangt, einem Feldher
ren den Oberbefehl zu übertragen, der diesen Krieg wirklich zum siegreichen
Ende führen kann und muss. Cicero schildert dies in einer Rede:

E t quoniam semper appetentes gloriae praeter ceteras gentes atque avidi laudis
fuistis, delenda vobis est illa macula Mithridatico bello superiore concepta.
Quae penitus iam insedit ac nimis inveteravit in populi Romani nomine, quod is,
qui uno die tota in Asia tot in civitatibus uno nuntio atque una significatione omnes
5 cives Romanos necandos trucidandosque curavit, non modo adhuc poenam
nullam suo dignam scelere suscepit, sed ab illo tempore annum iam tertium et vicesimum regnat, et ita regnat, ut se non Ponti neque Cappadociae latebris occultare
velit, sed emergere ex patrio regno atque in vestris vectigalibus, hoc est in Asiae luce, versari. Etenim adhuc ita nostri cum illo rege contenderunt imperatores, ut ab
10 illo insignia victoriae, non victoriam reportarent. Triumphavit L. Sulla, triumphavit
L. Murena de Mithridate, duo fortissimi viri et summi imperatores, sed ita triumpharunt, ut ille pulsus superatusque regnaret. Verum tamen illis imperatoribus laus
est tribuenda, quod egerunt, venia danda, quod hoc bellum conficiendum reliquerunt, propterea quod ab eo bello Sullam in Italiam res publica, Murenam Sulla
15 revocavit. Mithridates autem omne reliquum tempus non ad oblivionem veteris
belli, sed ad comparationem novi contulit.

Cicero, Text 15 (de prov. cons. 19 f.)

Bellum in Gallia maximum gestum est; domitae sunt a Caesare maximae natio- nes, sed nondum legibus, nondum iure certo, nondum satis firma pace de- vinctae. Bellum adfectum videmus et, vere ut dicam, paene confectum, sed ita ut, si idem extrema persequitur, qui inchoavit, iam omnia perfecta videamus, si succedi- tur, periculum sit, ne instauratas maximi belli reliquias ac renovatas audiamus. Er- 5 go ego senator - inimicus, si ita vultis, homini - amicus esse, sicut semper fui, rei pu- blicae debeo. Quid? Si ipsas inimicitias depono rei publicae causa, quis me tandem iure reprehendet? praesertim cum ego omnium meorum consiliorum atque fac- torum exempla semper ex summorum hominum factis mihi censuerim petenda. An vero M. ille Lepidus, qui bis consul et pontifex maximus fuit, non solum memoriae 10 testimonio, sed etiam annalium litteris et summi poetae voce laudatus est, quod cum M. Fulvio conlega, quo die censor est factus, homine inimicissimo, in campo statim rediit in gratiam, ut commune officium censurae communi animo ac volun- tate defenderent? Atque ut vetera, quae sunt innumerabilia, mittam, tuus pater, Phi- lippe, nonne uno tempore cum suis inimicissimis in gratiam rediit? Quibus eum 15 omnibus eadem res publica reconciliavit, quae alienarat.

Cicero, Text 16 (Sext. Rosc. 61 ff.)

Cicero verteidigt einen römischen Bürger und greift dabei den Ankläger heftig an:

De parricidio causa dicitur[1]; ratio ab accusatore reddita non est, quam ob causam patrem filius occiderit. Quod[2] in minimis noxiis[3] et in his levioribus peccatis, quae magis crebra et iam prope cotidiana sunt, vel maxime et primum quaeritur, quae causa malefici fuerit, id Erucius in parricidio quaeri non putat oportere. In
5 quo scelere, iudices, etiam cum multae causae convenisse unum in locum atque inter se congruere videntur, tamen non temere creditur, neque levi coniectura res penditur, neque testis incertus auditur, neque accusatoris ingenio res iudicatur. Cum[4] multa antea commissa maleficia, cum vita hominis perditissima, tum singularis audacia ostendatur necesse est, neque audacia solum sed summus furor atque amen-
10 tia. Haec cum sint omnia, tamen exstent oportet[5] expressa sceleris vestigia, ubi, qua ratione, per quos, quo tempore maleficium sit admissum. Quae nisi multa et manifesta sunt, profecto res tam scelesta, tam atrox, tam nefaria credi non potest. Magna est enim vis humanitatis; multum valet communio sanguinis; reclamat istius modi suspicionibus ipsa natura; portentum[6] atque monstrum certissimum est esse ali-
15 quem humana specie et figura qui tantum immanitate bestias vicerit ut, propter quos hanc suavissimam lucem aspexerit, eos indignissime luce privarit, cum etiam feras inter sese partus atque educatio et natura ipsa conciliet.

---

1 causam dicere = einen Prozeß führen
2 quod = das Relativpronomen quod wird durch id (Z. 4) wieder aufgenommen
3 noxia = Vergehen, Gesetzesübertretung
4 cum ... cum ... tum ... = beiordnende Konjunktionen
5 oportet = hier mit Konjunktiv wie necesse est Zeile 9
6 portentum ... est = es ist absolut widernatürlich

Cicero, Text 17 (In Verrem 2, 4, 1–2)

Venio nunc ad istius, quem ad modum ipse appellat, studium, ut amici eius, morbum et insaniam, ut Siculi, latrocinium; ego quo nomine appellem nescio; rem vobis proponam, vos eam suo non nominis pondere penditote. Genus ipsum prius cognoscite, iudices; deinde fortasse non magno opere quaeretis, quo id nomine appellandum putetis. Nego in Sicilia tota, tam locupleti, tam vetere provincia, tot 5 oppidis, tot familiis tam copiosis, ullum argenteum vas, ullam gemmam aut margaritam fuisse, quicquam ex auro aut ebore factum, signum ullum aeneum, marmoreum, eburneum, nego ullam picturam neque in tabula neque in textili, quin conquisierit, inspexerit, quod placitum sit abstulerit. Magnum videor dicere: attendite etiam, quem ad modum dicam. Non enim verbi neque criminis augendi causa com- 10 plector omnia: cum dico nihil istum eius modi rerum in tota provincia reliquisse, Latine me scitote, non accusatorie loqui. Etiam planius: nihil in aedibus cuiusquam, ne in hospitis quidem, nihil in locis communibus, ne in fanis quidem, nihil apud Siculum, nihil apud civem Romanum, denique nihil istum, quod ad oculos animumque acciderit, neque privati neque publici neque profani neque sacri tota in 15 Sicilia reliquisse.

Cicero, Text 18 (In Verrem 2, 4, 115–116)

Cicero berichtet über die Ausplünderung der Stadt Syrakus:

Unius etiam urbis omnium pulcherrimae atque ornatissimae, Syracusarum, direptionem commemorabo et in medium proferam, iudices, ut aliquando totam huius generis orationem concludam atque definiam. Nemo fere vestrum est, quin, quem ad modum captae sint a M. Marcello[1] Syracusae, saepe audierit, non num-
5 quam etiam in annalibus[2] legerit. Conferte hanc pacem cum illo bello, huius praetoris[3] adventum cum illius imperatoris victoria, huius cohortem[4] impuram cum illius exercitu invicto, huius libidines cum illius continentia: ab illo, qui cepit, conditas, ab hoc, qui constitutas accepit, captas dicetis Syracusas. Ac iam illa omitto, quae disperse a me multis in locis dicentur ac dicta sunt, forum Syracusanorum,
10 quod introitu Marcelli purum a caede servatum est, id adventu Verris Siculorum innocentium sanguine redundasse, portum Syracusanorum, qui tum et nostris classibus et Carthaginiensium clausus fuisset, eum isto praetore Cilicum myoparoni[5] praedonibusque patuisse; mitto[6] adhibitam vim ingenuis, matres familias violatas, quae tum in urbe capta commissa non sunt neque odio hostili neque licentia mili-
15 tari neque more belli neque iure victoriae; mitto[7], inquam, haec omnia, quae ab isto per triennium perfecta sunt; ea, quae coniuncta cum illis rebus sunt, de quibus antea dixi, cognoscite.

---

1 Marcus Marcellus = römischer Feldherr, der im 2. Punischen Krieg Sizilien den Karthagern entriss
2 in annalibus = ergänzen Sie: libris
3 huius praetoris = gemeint ist der römische Statthalter Verres
4 cohortem = hier: Gefolge, Anhang
5 myoparo, onis m. = Kaperschiff (griech. Fremdwort)
6 mitto = omitto, praetermitto
7 s.o.

Cicero, Text 19 (In Verrem 2, 4, 72 f.)

Der römische Provinzstatthalter Verres hat die ihm anvertraute Provinz Sizilien schamlos ausgebeutet. Gesandtschaften aus Sizilien erscheinen in Rom und bitten Cicero, ihre Sache zu vertreten. Cicero hatte schon bei der ersten Verhandlung, die neun Tage dauerte, einen solchen Erfolg, daß Verres bei der zweiten Verhandlung gar nicht mehr erschien: Er ging in die Verbannung und wurde in Abwesenheit schuldig gesprochen.

Segesta est oppidum pervetus in Sicilia, iudices, quod ab Aenea fugiente a Troia atque in haec loca veniente conditum esse demonstrant. Itaque Segestani[1] non solum perpetua societate atque amicitia, verum etiam cognatione se cum populo Romano coniunctos esse arbitrantur. Hoc quondam oppidum, cum illa civitas cum Poenis suo nomine ac sua sponte bellaret, a Carthaginiensibus vi captum atque de- 5 letum est, omniaque, quae ornamento urbi esse possent, Carthaginem sunt ex illo loco deportata. Fuit apud Segestanos ex aere Dianae simulacrum, cum summa atque antiquissima praeditum religione[2], tum singulari opere artificioque perfectum. Hoc translatum Carthaginem locum tantum hominesque mutarat, religionem quidem pristinam conservabat; nam propter eximiam pulchritudinem etiam hostibus 10 digna quam sanctissime colerent, videbatur. Aliquot saeculis post P. Scipio bello Punico tertio Carthaginem cepit; qua in victoria[3], – videte hominis virtutem et diligentiam, ut et domesticis praeclarissimae virtutis exemplis gaudeatis et eo maiore odio dignam[4] istius incredibilem audaciam iudicetis, - convocatis Siculis omnibus, quod diutissime saepissimeque Siciliam vexatam a Carthaginiensibus esse cogno- 15 rat, iubet omnia conquiri[5]; pollicetur sibi magnae curae fore, ut omnia civitatibus, quae cuiusque fuissent[6], restituerentur.

---

1 Segestani = die Einwohner von Segesta
2 summa ... religione = in allerhöchsten Ehren gehalten
3 qua in victoria = nach seinem Sieg
4 odio dignus = verabscheuungswürdig
5 conquirere = Verlorenem nachspüren
6 quae cuiusque fuisset = ihr Eigentum

Cicero, Text 20 (In Verrem 2, 4, 120 f.)

Nunc ad Marcellum revertar, ne haec a me sine causa commemorata esse videantur. Qui cum tam praeclaram urbem[1] vi copiisque cepisset, non putavit ad laudem populi Romani hoc pertinere, hanc pulchritudinem, ex qua praesertim periculi nihil ostenderetur, delere et extinguere; itaque aedificiis omnibus, publicis privatis, sacris profanis, sic pepercit, quasi ad ea defendenda cum exercitu, non oppugnanda venisset. In ornatu urbis habuit victoriae rationem[2], habuit humanitatis: victoriae putabat esse multa Romam deportare, quae ornamento urbi esse possent, humanitatis, non plane exspoliare urbem, quam conservare voluisset. Romam quae adportata sunt, ad aedem Honoris et Virtutis itemque aliis in locis videmus; nihil in aedibus, nihil in hortis posuit, nihil in suburbano: putavit, si urbis ornamenta domum suam non contulisset, domum suam ornamento urbi futuram, Syracusis autem permulta atque egregia reliquit; deum vero nullum violavit, nullum attigit. Conferte Verrem[3], non ut hominem cum homine comparetis, ne qua tali viro mortuo fiat iniuria, sed ut pacem cum bello, leges cum vi, forum et iuris dictionem cum ferro et armis, adventum et comitatum cum exercitu et victoria conferatis.

---

1 gemeint ist die Stadt Syracus, von Marcellus Ende des 3. Jahrhunderts v.Chr. erobert
2 rationem alicuius rei habere = etwas berücksichtigen
3 Verres = räuberischer Prätor von Sizilien, gegen den Cicero hier spricht

Cicero, Text 21 (de inv. 2, 1–2)

Crotoniatae[1] quondam, cum florerent omnibus copiis et in Italia cum primis bea-
ti numerarentur, templum Iunonis, quod religiosissime colebant, egregiis pic-
turis locupletare voluerunt. Itaque Zeuxin, qui tum longe ceteris excellere pictori-
bus existimabatur, magno pretio conductum adhibuerunt. Is et ceteras complures
tabulas pinxit et, ut excellentem muliebris formae pulchritudinem in se imago con-   5
tineret, Helenae pingere simulacrum velle dixit. Quod Crotoniatae, qui eum mulie-
bri in corpore pingendo plurimum aliis praestare saepe accepissent, libenter au-
dierunt. Putaverunt enim, si, quo in genere plurimum posset, in eo magnopere
elaboravisset, egregium sibi opus illo in fano relicturum. Neque tum eos illa opinio
fefellit; nam Zeuxis „Praebete mihi, quaeso,“ inquit, „ex virginibus formosissimas,   10
dum pingo id, quod pollicitus sum vobis, ut in simulacrum ex animali exemplo ve-
ritas transferatur.“ Tum Crotoniatae publico de consilio virgines unum in locum
conduxerunt et pictori, quam vellet, eligendi potestatem dederunt. Ille autem quinque delegit, quarum nomina multi poetae memoriae prodiderunt, quod eius essent
iudicio probatae, qui pulchritudinis habere verissimum iudicium debuisset. Neque   15
enim putavit omnia, quae quaereret ad venustatem, uno se in corpore reperire posse ideo, quod nihil singulari in re omnibus ex partibus[2] perfectum natura expolivit.

---

1 Crotoniatae, arum m. = Einwohner von Croton (Stadt in Süditalien)
2 omnibus ex partibus = in jeder Hinsicht

Cicero, Text 22 (de senec. 19, 66–69)

Cicero lässt den alten Cato vier Gründe widerlegen, aus denen die Menschen
gewöhnlich das Alter für ein Unglück halten. Drei Gründe sind bereits widerlegt.

Quarta restat causa, quae maxime angere atque sollicitare senes videtur, adpro-
pinquatio mortis, quae certe a senectute non potest esse longe. O miserum
senem[1], qui mortem contemnendam esse in tam longa aetate non viderit! Mors aut
plane neglegenda est, si omnino exstinguit animum, aut etiam optanda, si aliquo
5 eum deducit, ubi sit futurus aeternus; atqui tertium certe nihil inveniri potest. Quid
igitur timeam, si aut non miser post mortem aut beatus etiam futurus sum? Quamquam[2] quis est tam stultus, quamvis sit adulescens, cui sit exploratum se ad vespe-
rum esse victurum?[3] Quin etiam aetas illa[4] multo plures quam nostra casus
mortis habet; facilius in morbos incidunt adulescentes, gravius aegrotant, tristius
10 curantur. Itaque pauci veniunt ad senectutem.
At sperat adulescens diu esse se victurum, quod sperare idem senex non potest.
Insipienter sperat: quid enim stultius est quam incerta pro certis habere, falsa pro
veris? At senex ne quod speret quidem habet. At est eo meliore condicione[5] quam
adulescens, cum id, quod ille sperat, hic consecutus est; ille vult diu vivere, hic diu
15 vixit. At quid est in hominis natura diu? Horae quidem cedunt et dies et menses et
anni nec praeteritum tempus umquam revertitur.

---

1 O miserum senem = Akk. des Ausrufs: Wie bedauernswert ist ein alter Mensch, der ...
2 quamquam = hier: jedoch
3 Übersetzung des Relativsatzes cui ... victurum: dass er genau zu wissen meint, dass er bis zum Abend
   am Leben bleibe
4 aetas illa = gemeint ist die Jugend
5 meliore condicione esse = besser dran sein

II Prüfungstexte Caesar

Caesar, Text 1 (B.G. VI, 7–8)

Treveri[1] magnis coactis peditatus equitatusque copiis Labienum[2] cum una legione, quae in eorum finibus hiemabat, adoriri parabant. Positis castris a milibus passuum quindecim auxilia Germanorum expectare constituunt.

Labienus hostium cognito consilio sperans temeritate eorum fore aliquam dimicandi facultatem praesidio quinque cohortium impedimentis relicto cum compluribus cohortibus magnoque equitatu contra hostem proficiscitur et mille passuum intermisso spatio castra communit. Nocte tribunis militum convocatis, quid sui sit consilii, proponit et, quo facilius hostibus timoris det suspicionem, maiore tumultu, quam populi Romani fert consuetudo, castra moveri iubet. His rebus fugae similem profectionem efficit. Vix agmen novissimum extra munitiones processerat, cum Galli cohortati inter se, ne speratam praedam ex manibus dimitterent, flumen transire non dubitant. 5 10

Quae fore suspicatus Labienus, ut omnes citra flumen eliceret, eadem usus simulatione itineris placide progrediebatur. „Habetis", inquit, „milites, quam petivistis, facultatem; hostem iniquo loco tenetis." Celeriter nostri clamore sublato pila in hostes inmittunt. Illi, ubi praeter spem, quos fugere credebant, infestis signis ad se ire viderunt, impetum ferre non potuerunt ac in fugam coniecti proximas silvas petiverunt. 15

---

1 Treveri, orum = Volk zwischen Maas und Mosel
2 Labienus, i = Legat Caesars im Gallischen Krieg

Caesar, Text 2 (B.G. IV, 16)

Germanico bello confecto multis de causis Caesar statuit sibi Rhenum esse transeundum. Quarum fuit gravissima, quod, cum videret Germanos tam facile impelli, ut in Galliam venirent, suis quoque rebus eos timere voluit, cum intellegerent et posse et audere populi Romani exercitum Rhenum transire.

5 Accessit etiam, quod pars equitatus hostium se trans Rhenum in fines Sugambrorum[1] receperat seque cum iis coniunxerat. Ad quos cum Caesar nuntios misisset, qui postularent, ut eos, qui sibi Galliaeque bellum intulissent, sibi dederent, responderunt: populi Romani imperium Rhenum finire; si se invito Germanos in Galliam transire non aequum existimaret, cur sui quicquam esse imperii trans Rhe-
10 num postularet?

Ubii[2] autem, qui uni ex Transrhenanis ad Caesarem legatos miserant, amicitiam fecerant, obsides dederant, magnopere orabant, ut sibi auxilium ferret, quod graviter a Suebis[3] premerentur, vel, si id facere occupationibus rei publicae prohiberetur, exercitum modo Rhenum transportaret: id sibi ad praesens auxilium spemque reli-
15 qui temporis satis futurum. Navium magnam copiam ad transportandum exercitum pollicebantur.

Caesar his de causis Rhenum transire decreverat, sed navibus transire neque satis tutum esse arbitrabatur neque suae neque populi Romani dignitatis esse statuebat. Itaque pontem faciendum aut aliter non traducendum exercitum existimabat.

---

1 Sugambri, orum = Sugambrer – germ. Volk zwischen Ruhr und Lippe
2 Ubii, orum = rechtsrheinische Germanen zwischen Taunus und Westerwald; seit Caesars Zeit mit den Römern verbündet
3 Suebi, orum = germanisches Volk im heutigen Süddeutschland

Caesar, Text 3 (B.C. I, 17, 1)

D omitius[1] ad Pompeium in Apuliam nuntios regionum peritos magno proposito praemio cum litteris mittit, qui petant atque orent, ut sibi subveniat: quod nisi fecerit, se cohortesque amplius triginta magnumque numerum senatorum atque equitum Romanorum in periculum esse venturum. Interim suos cohortatus tormenta in muris disponit certasque cuique partes ad custodiam urbis attribuit; militibus in contione agros ex suis possessionibus pollicetur. 5

Interim Caesari nuntiatur Sulmonenses[2], quod oppidum a Corfinio[3] septem milium intervallo abest, cupere ea facere, quae vellet, sed a Q. Lucretio senatore et Attio Paeligno prohiberi, qui id oppidum septem cohortium praesidio tenebant. Mittit eo M. Antonium[4] cum legionis tertiae decimae cohortibus quinque. Sulmonenses 10 simulatque signa nostra viderunt, portas aperuerunt universique, et oppidani et milites, obviam gratulantes Antonio exierunt. Lucretius et Attius de muro se deiecerunt. Attius ad Antonium deductus petit, ut ad Caesarem mitteretur. Antonius cum cohortibus et Attio eodem die, quo profectus erat, revertitur. Caesar eas cohortes cum exercitu suo coniunxit Attiumque incolumem dimisit. Primis diebus 15 castra magnis operibus munire et ex finitimis municipiis frumentum comportare reliquasque copias expectare instituit.

---

1 Domitius, i = Gegner Caesars im Bürgerkrieg
2 Sulmonenses = Einwohner von Sulmo, Stadt im Land der Päligner (Mittelitalien)
3 Corfinium = Stadt im Land der Päligner
4 Marcus Antonius = im Bürgerkrieg auf der Seite Caesars

Caesar, Text 4 (B.G. V, 10–11, 7)

Postridie eius diei mane tripertito milites equitesque in expeditionem misit, ut eos, qui fugerant, persequerentur. His aliquantum itineris progressis cum iam extremi essent in prospectu, equites a Q. Atrio[1] ad Caesarem venerunt, qui nuntiarent superiore nocte maxima coorta tempestate prope omnes naves adflictas at-
5 que in litus eiectas esse, quod neque ancorae funesque subsisterent neque nautae gubernatoresque vim tempestatis pati possent; itaque ex eo concursu navium magnum esse incommodum acceptum.

His rebus cognitis Caesar legiones equitatumque revocari atque in itinere resistere iubet, ipse ad naves revertitur. Eadem fere, quae ex nuntiis litterisque cognoverat,
10 coram perspicit, sic ut amissis circiter quadraginta navibus reliquae tamen refici posse magno negotio viderentur. Itaque ex legionibus fabros deligi et ex continenti alios arcessi iubet. Labieno[2] scribit, ut, quam plurimas possit, iis legionibus, quae sint apud eum, naves instituat.

Ipse, etsi res erat multae operae ac laboris, tamen commodissimum esse statuit om-
15 nes naves subduci et cum castris una munitione coniungi. In his rebus circiter dies decem consumit ne nocturnis quidem temporibus ad laborem militum intermissis. Subductis navibus castrisque egregie munitis easdem copias, quas ante, praesidio navibus relinquit, ipse eodem, unde redierat, proficiscitur.

---

1 Quintus Atrius = Offizier Caesars, Kommandant des Schifflagers in Britannien
2 Titus Labienus = Legat Caesars im gallischen Krieg

Caesar, Text 5 (B.G. VII, 12–13)

Vercingetorix ubi de Caesaris adventu cognovit, oppugnatione desistit atque obviam Caesari proficiscitur. Ille oppidum Biturigum[1] positum in via Noviodunum[2] oppugnare instituerat. Quo ex oppido cum legati ad eum venissent oratum, ut sibi ignosceret suaeque vitae consuleret, arma conferri, equos produci, obsides dari iubet, ut celeritate reliquas res conficeret, qua pleraque erat consecutus. Parte iam obsidum tradita, cum reliqua administrarentur, centurionibus et paucis militibus intromissis, qui arma iumentaque conquirerent, equitatus hostium procul visus est, qui agmen Vercingetorigis antecesserat. Quem simulatque oppidani conspexerunt atque in spem auxilii venerunt, clamore sublato arma capere, portas claudere, murum complere coeperunt. Centuriones in oppido cum ex significatione oppidanorum novi aliquid ab iis iniri consilii intellexissent, gladiis destrictis portas occupaverunt suosque omnes incolumes receperunt.
Caesar ex castris equitatum educi iubet proeliumque equestre committit; laborantibus iam suis Germanos equites circiter quadringentos submittit, quos ab initio secum habere instituerat. Eorum impetum hostes sustinere non potuerunt atque in fugam coniecti multis amissis se ad agmen receperunt. Quibus profligatis rursus oppidani perterriti comprehensos eos, quorum opera plebem concitatam existimabant, ad Caesarem perduxerunt seseque ei dediderunt.

---

1 Bituriges, um = Keltenstamm südl. der Loire
2 Noviodunum = Stadt der Biturigen südöstl. von Orléans

Caesar, Text 6 (B.C. III, 97, 3 – 98, 3)

Qua re animadversa Caesar copias suas divisit partemque legionum in castris Pompei[1] remanere iussit, partem in sua castra remisit, quattuor secum legiones duxit commodioreque itinere Pompeianis[2] occurrere coepit et progressus milia passuum sex aciem instruxit. Qua re animadversa Pompeiani in quodam monte
5 constiterunt. Hunc montem flumen subluebat. Caesar milites cohortatus, etsi totius diei continenti labore erant confecti noxque iam suberat, tamen munitione flumen a monte seclusit, ne noctu aquari Pompeiani possent. Quo perfecto opere illi de deditione missis legatis agere coeperunt. Pauci ordinis senatorii, qui se cum iis coniunxerant, nocte fuga salutem petiverunt.
10 Caesar prima luce omnes eos, qui in monte consederant, ex superioribus locis in planitiem descendere atque arma proicere iussit. Quod ubi sine recusatione fecerunt passisque palmis proiecti ad terram flentes ab eo salutem petiverunt, consolatus consurgere iussit et pauca apud eos de lenitate sua locutus, quo minore essent timore, omnes conservavit militibusque suis commendavit, ne qui eorum violaretur,
15 neu quid sui desiderarent. Hac adhibita diligentia ex castris sibi legiones alias occurrere et eas, quas secum duxerat, invicem requiescere atque in castra reverti iussit eodemque die Larisam[3] pervenit.

---

1 Pompeius, i = Gegner Caesars im Bürgerkrieg
2 Pompeianus, i = Anhänger des Pompeius
3 Larisa, ae = Hauptstadt Thessaliens (Griechenland)

Caesar, Text 7 (B.G. VII, 62)

Labienus muss in Abwesenheit Caesars gegen die Gallier kämpfen.

Prima luce et nostri omnes flumen erant transportati et hostium acies cerneba-
tur. Labienus[1] milites cohortatus, ut suae pristinae virtutis et tot secundissi-
morum proeliorum memoriam retinerent atque ipsum Caesarem, cuius ductu saepe hostes superassent, praesentem adesse existimarent, dat signum proelii. Primo
concursu ab dextro cornu, ubi septima legio constiterat, hostes pelluntur atque in   5
fugam coniciuntur; ab sinistro, quem locum duodecima legio tenebat, cum primi or-
dines hostium transfixi pilis concidissent, tamen acerrime reliqui resistebant, nec
dabat suspicionem fugae quisquam. Ipse dux hostium Camulogenus[2] suis aderat atque eos cohortabatur. At incerto etiamnunc exitu victoriae, cum septimae legionis
tribunis esset nuntiatum, quae in sinistro cornu gererentur, post tergum hostium le-   10
gionem ostenderunt signaque intulerunt. Ne eo quidem tempore quisquam loco
cessit, sed circumventi omnes interfectique sunt. Eandem fortunam tulit Camulogenus.
At ii, qui praesidio contra castra Labieni erant relicti, cum proelium commissum au-
dissent, subsidio suis ierunt collemque ceperunt neque nostrorum militum vic-   15
torum impetum sustinere potuerunt. Sic cum suis fugientibus permixti, praeter eos,
quos silvae montesque texerunt, ab equitatu sunt interfecti. Hoc negotio confecto
Labienus revertitur Agedincum[3], ubi impedimenta totius exercitus relicta erant; inde cum omnibus copiis ad Caesarem pervenit.

---

1 Labienus, i = Legat Caesars im Gallischen Krieg
2 Camulogenus, i = Fürst der Aulercer, keltischer Stamm zwischen Loire und Seine
3 Agedincum, i n. = Hauptstadt der Senones in Gallien

Caesar, Text 8 (B.G. III, 7 ff.)

Cum omnibus de causis Caesar pacatam Galliam existimaret atque inita hieme in Illyricum[1] profectus esset, subitum bellum in Gallia coortum est. A Venetis[2] fit initium; horum auctoritate finitimi adducti inter se coniurant eundem omnes fortunae exitum laturos, reliquasque civitates sollicitant, ut in ea libertate, quam a
5 maioribus acceperint, permanere quam Romanorum servitutem perferre malint. His initis consiliis oppida muniunt, frumenta ex agris in oppida comportant, naves in Venetiam, ubi Caesarem bellum gesturum constabat, quam plurimas cogunt. Erant magnae difficultates belli gerendi, sed tamen multae causae Caesarem ad id bellum incitabant. Nam cum intellegeret omnes fere Gallos novis rebus studere et
10 ad bellum celeriter excitari, priusquam plures civitates conspirarent, partiendum sibi ac latius distribuendum exercitum putavit. Itaque T. Labienum legatum in Treveros, qui proximi flumini Rheno sunt, cum equitatu mittit. Huic mandat, ut Remos reliquosque Belgas adeat Germanosque, qui auxilio a Gallis arcessiti dicebantur, si per vim navibus flumen transire conentur, prohibeat. P. Crassum cum cohortibus
15 duodecim et magno numero equitatus in Aquitaniam proficisci iubet, ne ex his nationibus auxilia in Galliam mittantur. Q. Titurium legatum cum legionibus tribus in Venellos[3] mittit, qui eam manum distinendam curet. D. Brutum adulescentem Gallicis navibus, quas ex reliquis pacatis regionibus convenire iusserat, praeficit.

---

1 Illyricum = Illyrien (Landschaft an der Nordküste der Adria)
2 Veneti, orum = Veneter (Volkstamm an der bretonischen Atlantikküste)
3 Venelli, orum = Veneller (Volkstamm in der Normandie)

III Prüfungstexte Sallust

Sallust, Text 1 (Iug. 10, 1–7)

Als Micipsa, der Numiderkönig, das Ende seines Lebens nahen fühlte, soll er in Gegenwart seiner Freunde und Verwandten und auch seiner Söhne Adherbal und Hiempsal etwa folgende Worte zu Iugurtha, seinem Adoptivsohn, gesagt haben:

Parvom ego te, Iugurtha, amisso patre, sine spe, sine opibus in meum regnum accepi, existumans non minus me tibi quam liberis, si genuissem, ob beneficia carum fore. Neque ea res falsum me habuit[1]. Nam, ut alia magna et egregia tua[2] omittam, novissume rediens Numantia[3] meque regnumque[4] meum gloria honoravisti tuaque virtute nobis Romanos ex amicis amicissumos fecisti. In Hispania nomen fa- 5
miliae renovatum est. Postremo, quod difficillumum inter mortalis est, gloria invidiam vicisti.

Nunc, quoniam mihi natura finem vitae facit, per hanc dexteram, per regni fidem moneo obtestorque te, uti hos, qui tibi genere propinqui, beneficio meo fratres sunt, caros habeas neu malis[5] alienos adiungere quam sanguine coniunctos retinere. Non 10
exercitus neque thesauri[6] praesidia regni sunt, verum amici, quos neque armis cogere neque auro parare queas[7]: officio et fide pariuntur. Quis autem amicior quam frater fratri? Aut quem alienum fidum invenies, si tuis hostis fueris? Equidem ego vobis regnum trado firmum, si boni eritis, sin mali, inbecillum. Nam concordia parvae res crescunt, discordia maxumae dilabuntur. 15

Ceterum ante hos te, Iugurtha, qui aetate et sapientia prior es, ne aliter quid eveniat, providere decet.

---

1 aliquem falsum habere = jmdn. täuschen
2 tua = deine Leistungen
3 Numantia = Stadt in Nordspanien
4 -que ... -que = sowohl ... als auch
5 malis = von: malle
6 thesaurus, i m. = Schatz
7 quire, queo, quivi, quitum = können

Sallust, Text 2 (Iug. 23)

Micipsa, der König Numidiens, das unter römischer Schirmherrschaft steht, ist gestorben, seine beiden Söhne Hiempsal und Adherbal und sein Stiefsohn Iugurtha sollen die Herrschaft unter sich aufteilen. Iugurtha jedoch lässt Hiempsal umbringen und trachtet auch Adherbal nach dem Leben. Dieser hat sich in der Hauptstadt Cirta, die kaum einnehmbar ist, verschanzt. Römische Gesandte sind nach Afrika gereist, um zu vermitteln, müssen aber unverrichteter Dinge wieder abziehen.

Iugurtha ubi eos[1] Africa decessisse ratus est neque propter loci naturam Cirtam armis expugnare potest, vallo atque fossa moenia circumdat, turris exstruit easque praesidiis firmat; praeterea dies noctisque aut per vim aut dolis temptare; defensoribus moenium praemia modo, modo formidinem ostentare; suos hortando
5 ad virtutem adrigere; prorsus intentus cuncta parare. Adherbal ubi intellegit omnis suas fortunas in extremo sitas, hostem infestum, auxili spem nullam, penuria rerum necessariarum bellum trahi non posse, ex iis, qui una Cirtam profugerant, duos maxume inpigros delegit; eos multa pollicendo ac miserando casum suom confirmat, uti per hostium munitiones noctu ad proxumum mare, dein Romam pergerent. Nu-
10 midae paucis diebus iussa efficiunt. Litterae Adherbalis in senatu recitatae, quarum sententia haec fuit:
„Non mea culpa saepe ad vos oratum mitto, patres conscripti, sed vis Iugurthae subigit, quem tanta lubido extinguendi me invasit, ut neque vos neque deos inmortalis in animo habeat, sanguinem meum quam omnia malit. Itaque quintum iam mensem socius et amicus populi Romani armis obsessus teneor; neque mihi Micipsae
15 patris mei beneficia neque vostra decreta auxiliantur; ferro an fame acrius urgear, incertus sum.
Me manibus inpiis eripite, per maiestatem imperi, per amicitiae fidem, si ulla apud vos memoria remanet avi mei Masinissae.“

———————

1 gemeint sind die römischen Gesandten

Sallust, Text 3 (Cat. 58, 1–10)

In Rom ist die Verschwörung des Catilina gegen die römische Regierung aufge-
deckt worden. Es kommt zum entscheidenden Kampf zwischen den römischen
Staatstruppen und Catilinas Anhängern. Kurz vor dieser Schlacht hält Catili-
na folgende Ansprache an seine Soldaten:

Compertum ego habeo, milites, verba virtutem non addere, neque ex ignavo
strenuom neque fortem ex timido exercitum oratione imperatoris fieri. Quanta quoiusque animo audacia natura aut moribus inest, tanta in bello patere solet.
Quem neque gloria neque pericula excitant, nequiquam hortere: timor auribus of-
ficit. Sed ego vos, quo pauca monerem, advocavi, simul uti causam mei consili ape-   5
rirem.
Scitis equidem, milites, socordia atque ignavia Lentuli[1] quantam ipsi nobisque cla-
dem adtulerit, quoque modo, dum ex urbe[2] praesidia opperior, in Galliam[3] proficisci nequiverim. Nunc vero, quo loco res nostrae sint, iuxta mecum omnes intellege-
tis. Exercitus hostium duo, unus ab urbe, alter a Gallia obstant; diutius in his locis   10
esse, si maxume animus ferat[4], frumenti atque aliarum rerum egestas prohibet; quocumque ire placet, ferro iter aperiundum est. Quapropter vos moneo, uti forti atque
parato animo sitis et, cum proelium inibitis, memineritis vos divitias, decus, gloriam, praeterea libertatem atque patriam in vostris dextris portare. Si vincimus, omnia nobis tuta erunt: commeatus abunde, municipia atque coloniae patebunt; si me-   15
tu cesserimus, eadem illa advorsa fient, neque locus neque amicus quisquam teget,
quem arma non texerint.

---

1 Lentulus, i m. = Mitverschwörer Catilinas, durch dessen Verschulden die Verschwörung in Rom aufgedeckt wurde
2 gemeint ist Rom
3 Catilina wollte nach Gallien fliehen, doch dieser Weg wurde durch römische Staatstruppen versperrt
4 si … ferat = wenn wir es auch noch so sehr wünschen

Das Königreich Numidien steht unter römischer Schirmherrschaft. Sein König Micipsa ist gerade gestorben. Er hinterlässt drei Erben: seine beiden Söhne Hiempsal und Adherbal und seinen Adoptivsohn Iugurtha, die die Herrschaft unter sich teilen sollen. Iugurtha jedoch lässt Hiempsal umbringen und trachtet auch Adherbal nach dem Leben. Dieser wendet sich an Rom, um um Schutz zu bitten, und hält an den Senat folgende Rede:

P atres conscripti, Micipsa pater meus moriens mihi praecepit, uti regni Numidiae tantummodo procurationem existumarem meam, ceterum ius et imperium eius penes vos esse; simul eniterer domi militiaeque quam maxumo usui esse populo Romano; vos mihi cognatorum, vos affinium loco ducerem: si ea fecissem, in vo-

5   stra amicitia exercitum divitias, munimenta regni, me habiturum. Quae cum praecepta parentis mei agitarem, Iugurtha, homo omnium, quos terra sustinet, sceleratissimus, contempto imperio vostro Masinissae me nepotem et iam ab stirpe socium atque amicum populi Romani regno fortunisque expulit. Et quoniam parum tuta per se ipsa probitas est, ad vos confugi, patres conscripti, quibus, quod

10 mihi miserrumum est, cogor prius oneri quam usui esse. Ceteri reges aut bello victi in amicitiam a vobis recepti sunt aut in suis dubiis rebus societatem vostram adpetiverunt; familia nostra cum populo Romano bello Carthaginiensi amicitiam instituit, quo tempore magis fides eius quam fortuna petunda erat. Quorum progeniem vos, patres conscripti, nolite pati me, nepotem Masinissae, frustra a vobis auxilium

15 petere. Semper enim erat maiestatis populi Romani prohibere iniuriam neque pati cuiusquam regnum per scelus crescere.

Sallust, Text 5 (Cat. 46–47, 1)

Die Verschwörung des Catilina ist aufgedeckt worden, ein Teil der Verschwörer festgenommen: Catilinas Leute hatten über allobrogische Gesandte versucht, eben mit jenen Verbindung aufzunehmen, um sie zur Teilnahme an der Verschwörung zu bewegen. Jene aber haben Kontakt zu Cicero aufgenommen und ihm die Namen der Hintermänner Gabinius, Lentulus, Cethegus und Statilius genannt. Ein gewisser Volturcius solle sie an der Milvischen Brücke treffen und sie zu Catilina geleiten. Sie hätten dann Dokumente bei sich, deren Beweislast gegen die oben genannten eindeutig sei.
An der Milvischen Brücke wird Volturcius dann auch verhaftet, die Dokumente fallen in die Hände des Senats.

Quibus rebus confectis omnia[1] propere per nuntios consuli declarantur. At illum ingens cura atque laetitia simul occupavere. Nam laetabatur intellegens coniuratione patefacta civitatem periculis ereptam esse, porro autem anxius erat dubitans, in maxumo scelere tantis civibus deprehensis quid facto opus esset; poenam illorum sibi oneri, impunitatem perdundae rei publicae fore credebat. Igitur 5 confirmato animo vocari ad sese iubet Lentulum, Cethegum, Statilium, Gabinium, itemque Caeparium Tarracinensem, qui in Apuliam ad concitanda servitia proficisci parabat. Ceteri sine mora veniunt; Caeparius paulo ante domo egressus cognito indicio ex urbe profugerat. Consul Lentulum, quod praetor erat, ipse manu tenens in senatum perducit, reliquos cum custodibus in aedem Concordiae venire 10 iubet. Eo senatum advocat magnaque frequentia eius ordinis Volturcium cum legatis introducit, Flaccum praetorem scrinium cum litteris[2], quas a legatis acceperat, eodem adferre iubet. Volturcius interrogatus de itinere, de litteris, postremo quid aut qua de causa consili habuisset, primo fingere alia, dissimulare de coniuratione; post ubi fide publica[3] dicere iussus est, omnia, uti gesta erant, aperit docetque se 15 paucis ante diebus a Gabinio et Caepario socium adscitum nihil amplius scire quam legatos.

---

1 die oben genannte Verhaftung
2 die oben genannten Dokumente
3 fide publica = unter Zusicherung von Straffreiheit

IV Prüfungstexte Livius

Livius, Text 1 (XXVII. 29. 1)

Man schreibt das Jahr 208 v.Chr. Schauplatz ist Italien. Die diesjährigen Konsuln Crispinus und Marcellus sind auf einem Erkundungsritt in einen Hinterhalt geraten. Crispinus wurde schwer verletzt und Marcellus, einer der größten Heerführer seiner Zeit, getötet.

Crispinus, postquam in Bruttios[1] profectum Hannibalem sensit, exercitum, cui collega praefuerat, M. Marcellum[2] tribunum militum Venusiam[3] ducere iussit; ipse cum legionibus suis Capuam[4] profectus, vix lecticae agitationem prae gravitate vulnerum patiens, Romam litteras de morte collegae scripsit quantoque ipse in di-
5 scrimine esset: se comitiorum causa[5] non posse Romam venire, quia nec viae laborem pati posse videretur et de Tarento[6] sollicitus esset, ne ex Bruttiis Hannibal converteret agmen; legatos opus esse ad se mitti, viros prudentes, cum quibus, quae vellet, de re publica loqueretur. Hae litterae recitatae magnum et luctum morte alterius consulis et metum de altero fecerunt. Itaque et Q. Fabium ad exercitum Ve-
10 nusiam miserunt et ad consulem tres legati missi sunt.
Hi nuntiare consuli iussi, ut, si ad comitia ipse venire non posset, dictatorem diceret comitiorum causa; si consul Tarentum profectus esset, Q. Claudium praetorem placere in eam regionem ducere legiones, in qua plurimas sociorum urbes tueri posset.
15 Exitu huius anni Crispinus consul dictatore comitiorum faciendorum causa dicto T. Manlio Torquato ex vulnere moritur.
Ita, quod nullo ante bello acciderat, duo consules sine memorando proelio interfecti velut orbam rem publicam reliquerant.

---

1 Bruttii, orum = Bruttier, Bewohner des südlichen Italien
2 Nicht zu verwechseln mit dem jüngst verschiedenen Konsul
3 Venusia, ae f. = Stadt in Mittelitalien
4 Capua, ae f. = Stadt in Mittelitalien
5 Es mussten neue Konsuln gewählt werden
6 Tarentum, i n. = Stadt in Süditalien

Livius, Text 2 (XXX. 20. 1)

Man schreibt das Jahr 203 v.Chr. Scipio befindet sich in Afrika und hat seinen ersten Sieg gegen die Karthager verbucht. Der karthagische Senat ruft Hannibal, der sich noch in Italien befindet, nach Hause zurück.
Diesem ist das gar nicht recht, im Gegenteil: Er fühlt sich von seinen Landsleuten hintergangen und verraten.

F rendens gemensque ac vix lacrimis temperans dicitur[1] legatorum verba audisse. Postquam edita sunt mandata[2], „Iam non perplexe" inquit, „ sed palam me revocant, qui vetando supplementum et pecuniam mitti iam pridem me retrahebant. Vicit ergo Hannibalem non populus Romanus totiens caesus fugatusque, sed senatus Carthaginiensis obtrectatione atque invidia. Neque hac deformitate reditus 5 mei tam Scipio exsultabit atque efferet sese quam Hanno[3], qui domum nostram, quia alia re non potuit, ruina Carthaginis oppressit." Iam hoc ipsum praesagiens animo praeperaverat ante naves. Itaque inutili militum turba praesidii specie in oppida Bruttiorum[4], quae pauca metu magis quam fide continebantur, dimissa, quod roboris in exercitu erat in Africam transvexit. Raro quemquam alium patriam exilii 10 causa relinquentem tam maestum abisse ferunt quam Hannibalem hostium terra excedentem. Respexisse saepe Italiae litora, et deos hominesque accusantem in se quoque ac suum caput exsecratum, quod non cruentum ab Cannensi victoria exercitum Romam duxisset. Scipionem ire ad Carthaginem ausum, qui consul hostem Poenum in Italia non vidisset; se centum milibus armatorum ad Trasumennum, ad 15 Cannas caesis circa Casilinum[5] Cumasque et Nolam consenuisse. Haec accusans querensque ex diutina possessione Italiae est detractus.

---

1 Subjekt ist Hannibal
2 Nämlich seine Rückberufung
3 Sein Gegenspieler im karthagischen Senat
4 Bruttii, orum = Bruttier, Bewohner Süditaliens
5 Casilinum, Cumae und Nola = Städte in Kampanien in Mittelitalien, wo Hannibal sich die letzte Zeit aufgehalten hatte.

Livius, Text 3 (XXIII. 33. 1)

Man schreibt das Jahr 215 v. Chr. Philipp V. von Makedonien überlegt sich, auf wessen Seite er sich im 2. Punischen Krieg wohl schlagen solle.

In hanc dimicationem[1] duorum opulentissimorum in terris populorum omnes reges gentesque animos intenderant, inter quos Philippus, Macedonum rex. Is ubi primum fama accepit Hannibalem Alpes transgressum, ut[2] bello inter Romanum Poenumque orto laetatus erat, ita, utrius populi mallet victoriam esse, incertis adhuc viribus fluctuatus animo fuerat. Postquam tertia iam pugna, tertia iam victoria cum Poenis erat, ad fortunam inclinavit legatosque ad Hannibalem misit; qui vitantes portus Brundisium Tarentinumque, quia custodiis navium Romanarum tenebantur, ad Laciniae Iunonis[3] templum in terram egressi sunt. Inde per Apuliam petentes Capuam media in praesidia Romana inlati sunt[4] deductique ad Valerium Laevinium praetorem circa Luceriam castra habentem. Ibi intrepide Xenophanes, legationis princeps, a Philippo rege se missum ait ad amicitiam societatemque iungendam cum populo Romano; mandata habere ad consules ac senatum populumque Romanum. Praetor inter defectiones veterum sociorum nova societate tam clari regis laetus admodum hostes pro hospitibus comiter accepit; dat, qui prosequantur, itinera cum cura demonstrent, quae loca quosque saltus aut Romanus aut hostes teneant. Xenophanes per praesidia Romana in castra Hannibalis pervenit foedusque cum eo atque amicitiam iungit lege hac, ut Philippus rex quam maxima classe in Italiam traiceret.

---

1 Gemeint ist der 2. Punische Krieg
2 ut ... ita = hier: zwar ... aber
3 Lacinia,ae f. = Vorgebirge an der Ostküste Süditaliens, wo sich ein Tempel der Iuno befand
4 inferre = hier mediopassiv.: hineingeraten

Livius, Text 4 (XXXI. 10. 1)

Omnium animis in bellum Macedonicum versis repente Gallici tumultus fama exorta. Complures civitates, Hamilcare Poeno duce, qui in iis locis de Hasdrubalis exercitu substiterat[1], Placentiam[2] invaserant; et direpta urbe ac per iram magna ex parte incensa, vix duobus milibus hominum inter incendia ruinasque relictis, traiecto Pado ad Cremonam[3] diripiendam pergunt. Vicinae urbis audita clades spatium colonis dedit ad claudendas portas praesidiaque per muros disponenda nuntiosque ad praetorem Romanum mittendos. L. Furius Purpurio tum provinciae praeerat, cetero ex senatus consulto exercitu dimisso praeter quinque milia sociorum ac Latini nominis; cum iis copiis in proxima regione provinciae circa Ariminum[4] substiterat. Is tum senatui scripsit, quo in tumultu provincia esset: duarum coloniarum alteram captam ac direptam ab hostibus, alteram oppugnari; nec in exercitu suo satis praesidii colonis laborantibus fore, nisi quinque milia sociorum quadraginta milibus hostium – tot enim in armis esse – trucidanda obicere velit et tanta sua clade iam inflatos excidio coloniae Romanae augeri hostium animos.

His litteris recitatis decreverunt, ut C. Aurelius consul ipse ad opprimendum Gallicum tumultum proficisceretur.

---

1 subsistere = hier: übrigbleiben
2 Placentia, ae f. = Stadt in Oberitalien
3 Cremona, ae f. = Stadt in Oberitalien
4 Ariminum, i n. = Stadt in Oberitalien

Livius, Text 5 (XXII. 39. 1)

Man schreibt das Jahr 216 v.Chr. Hannibal befindet sich das 2. Jahr in Italien, nachdem er von Spanien sein Heer über die Alpen geführt hat. Schauplatz ist die Gegend um die Stadt Cannae in Mittelitalien. Für die Römer stellt sich die Frage, ob sie sich auf einen Kampf mit den Karthagern einlassen oder lieber abwarten sollen. In dieser Situation hält der ehemalige Konsul Fabius eine Rede an das Heer und speziell an den Konsul Lucius Aemilius Paulus, der im Gegensatz zu seinem collega Gaius als besonnen galt. Fabius macht in der folgenden Rede die Vorteile der Römer gegenüber den Karthagern klar und plädiert gegen einen Kampf und für eine Hinhalte- und Zermürbungstaktik.

In Italia bellum gerimus, in sede ac solo nostro; omnia circa plena civium ac sociorum sunt; armis, viris, equis, commeatibus iuvant iuvabuntque: id iam fidei documentum in adversis rebus nostris dederunt; meliores, prudentiores, constantiores nos tempus diesque facit. Hannibal contra in aliena, in hostili est terra, inter
5 omnia inimica infestaque, procul ab domo, ab patria; neque illi terra neque mari est pax; nullae eum urbes accipiunt, nulla moenia; nihil usquam sui videt; partem vix tertiam exercitus habet, quem Hiberum[1] amnem traiecit; plures fame quam ferro absumpti, nec his paucis iam victus suppeditat. Dubitas ergo, quin sedendo superaturi simus eum, qui senescat in dies, non commeatus, non supplementum, non pecu-
10 niam habet? Quam diu pro Gereonii[2], castelli Apuliae inopis, tamquam pro Carthaginis moenibus sedet?
Haec una salutis est via, L. Paule, quam difficilem infestamque cives tibi magis quam hostes facient. Idem enim tui quod hostium milites volent, idem Varro consul Romanus quod Hannibal Poenus imperator cupiet. Duobus ducibus unus resi-
15 stas oportet. Resistes autem, adversus famam rumoresque hominum si satis firmus steteris, si te neque collegae vana gloria neque tua falsa infamia moverit.

---

1 Hiberus, i m. = der Ebro
2 Gereonium, i, n. = Stadt in Apulien, Standquartier Hannibals

V   Prüfungstexte Seneca

Seneca, Text 1 (ep. 104, 13–18)

Kann Reisen eine kranke Seele heilen?

Quid per se peregrinatio[1] prodesse cuiquam potuit? Non voluptates illa tempe-
ravit, non cupiditates refrenavit[2], non iras repressit, non indomitos amoris impetus fregit[3], nulla denique animo mala eduxit[4]. Non iudicium dedit, non discussit
errorem, sed ut puerum ignota mirantem ad breve tempus rerum aliqua novitate de-
tinuit.   5
Ceterum inconstans iam mens, (eo) lacessitur, quo maxime aegra est, (atque) mo-
biliorem levioremque reddit[5] istam ipsa lactatione[6]. Itaque (homines illi) loca, quae
petierant cupidissime, cupidius deserunt et avium modo transvolant citiusque[7],
quam venerant, abeunt. Peregrinatio notitiam dabit gentium, novas tibi montium
formas ostendet; ceterum neque meliorem faciet neque saniorem.   10
Inter studia versandum est et inter auctores sapientiae, ut quaesita discamus, nondum inventa quaeramus; sic eximendus[8] est animus es miserrima servitute ac in libertatem adseritur. Quamdiu quidem nescieris, quid fugiendum, quid petendum,
quid necessarium, quidsupervacuum, quid iustum, quid iniustum, quid honestum,
quid inhonestum sit, non erit hoc peregrinari sed errare.   15
Nullam tibi opem feret[9] iste discursus[10]; peregrinaris enim cum adfectibus tuis et mala te tua sequuntur. Utinam[11] quidem sequerentur! Longius abessent: nunc fers illa,
non ducis. Itaque ubique te premunt et paribus incommodis urunt[12]. Medicina ae-
gro, non regio quaerenda est. Quid ergo? Credis animum tot locis fractum locorum
mutatione posse sanari?   20

---

1 peregrinato, onis f. = das Reisen
2 refrenare = zügeln
3 frangere, fregi, fractum = bändigen
4 educere, -duxi, -ductum = hier: entfernen
5 reddere, reddo, reddidi = (zu etw.) machen
6 iactatio, onis f. = das Hin und Her
7 citius (Adverb) = (komp.) schneller
8 eximere (ex mit Abl.) = loskaufen
9 opem ferre = Hilfe bringen
10 discursus, us m. = das Hin und Her
11 utinam (mit Konj.) = o wenn doch!
12 urere, uro = hier: belasten

Seneca, Text 2 (ep. 28, 1–6)

Hilft es dem Menschen, seine Probleme durch Herumreisen zu lösen?

Admiraris, quod peregrinatione tam longa et tot locorum varietatibus non discussisti tristitiam gravitatemque mentis? Hoc tibi soli accidisse putas? Animum debes mutare, non caelum. Licet vastum traieceris mare, sequentur te, quocumque perveneris, vitia. Quid terrarum iuvare novitas potest? Quid cognitio
5 urbium aut locorum? Quaeris, quare te fuga ista non adiuvet? TECUM FUGIS.
Onus animi deponendum est: non ante tibi ullus placebit locus. Vadis huc illuc, ut excutias insidens[1] pondus, quod ipsa iactatione[2] incommodius fit.
Quidquid facis, contra te facis et motu ipso noces tibi. At cum istud exemeris malum, omnis mutatio loci iucunda fiet; in ultimas expellaris terras licebit, hospitalis ti-
10 bi illa qualiscumque sedes erit. Magis quis veneris quam quo (veneris), interest[3], et ideo nulli loco addicere[4] debemus animum. Cum hac persuasione vivendum est: „Non sum uni angulo natus, patria mea totus hic mundus est". Quod si liqueret[5] tibi, non admirareris nil[6] adiuvari te regionum varietatibus, in quas subinde priorum taedio[7] migras; prima enim quaeque (regio) placuisset, si omnem tuam crederes.
15 Nunc non peregrinaris, sed erras et locum ex loco mutas, cum illud, quod quaeris, BENE VIVERE, omni loco positum sit.

---

1 insidens = in dir wohnend
2 iactatio, onis f. = Herumreisen
3 interest = es ist wichtig, bedeutsam
4 addicere = preisgeben, hingeben
5 liquet = es ist klar
6 nil (=nihil) = überhaupt nicht
7 taedium, i n. + Gen. = Überdruss an

Seneca, Text 3 (ep. 15, 1–3)

Warum Bodybuilding schlecht ist:

Mos antiquis fuit, usque ad meam servatus aetatem, primis epistulae verbis adicere: „Si vales, bene est; ego valeo".

Recte nos dicimus: „Si philosopharis, bene est". Valere enim hoc demum est; sine philosophia aeger est animus: corpus quoque, etiam si magnas habet vires, non aliter quam furiosi aut phrenetici validum est. Ergo hanc praecipue valetudinem cura, 5 deinde et illam secundam, quae non magno tibi constabit[1], si volueris bene valere. Stulta est enim, mi Lucili, et minime conveniens litterato viro occupatio exercendi lacertos et dilatandi cervicem ac latera firmandi: cum tibi feliciter sagina[2] cesserit et tori creverint, nec vires umquam opimi bovis nec pondus aequabis. Adice[3] nunc, quod maiore corporis sarcina animus eliditur et minus agilis est. Itaque quantum 10 potes, circumscribe corpus tuum et animo locum laxa!

Multa sequuntur incommoda huic deditos curae: primum exercitationes, quarum labor spiritum exhaurit et inhabilem intentioni ac studiis acrioribus reddit; deinde copia ciborum subtilitas impeditur.

Accedunt pessimae notae mancipia[4] in magisterium recepta (et) homines inter ole- 15 um et vinum occupati, quibus ad votum[5] dies actus est, si bene desudaverunt, si in locum eius, quod effluxit, multum potionis regesserunt. Bibere et sudare vita cardiaci est.

---

1 magno constare = teuer zu stehen kommen
2 sagina = Mastkur
3 adicere = hier: bedenken
4 pessimae notae mancipia = Sklaven von schlechtester Eignung
5 ad votum = nach Wunsch

Seneca, Text 4 (ep. 50, 1–4)

Epistulam tuam accepi post[1] multos menses quam miseras; supervacuum itaque putavi ab eo, qui adferebat, quid ageres, quaerere. Valde enim bonae memoriae est[2], si meminit[3]; et tamen spero te sic iam vivere, ut, ubicumque eris, sciam, quid agas. Quid enim aliud agis, quam ut meliorem te ipse cotidie facias, ut aliquid ex er-
5 roribus ponas, ut intellegas tua vitia esse, quae putas rerum[4]?
Incredibilem, mi Lucili, rem tibi narro, sed veram: ancilla uxoris meae subito desiit videre, sed nescit esse se caecam, ait domum tenebricosam esse. Hoc, quod in illa ridemus, omnibus nobis accidere liqueat tibi: nemo se avarum esse intellegit, nemo cupidum. Caeci tamen[5] ducem quaerunt, nos sine duce erramus et dicimus: „Non
10 ego ambitiosus sum, sed nemo aliter Romae potest vivere. Non ego sumptuosus sum, sed urbs ipsa magnas impensas exigit. Non est meum vitium, quod iracundus sum, quod nondum constitui certum genus vitae: adulescentia haec facit." Quid nos decipimus? Non est extrinsecus malum nostrum: intra nos est, in visceribus ipsis se-det, et ideo difficulter ad sanitatem pervenimus, quia nos aegrotare nescimus. Si
15 curari coeperimus, quando tot morborum tantas vires discutiemus? Nunc vero ne quaerimus quidem medicum, qui minus negotii haberet, si adhiberetur ad recens vitium.

---

1   mit quam zusammenzuziehen zu postquam
2   im Deutschen Konjunktiv
3   im Deutschen Konjunktiv
4   erg. vitia
5   tamen = hier: wenigstens

Seneca, Text 5 (ep. 47, 1–5)

Über den Umgang mit Sklaven

Libenter ex iis, qui a te veniunt, cognovi familiariter te cum servis tuis vivere: hoc prudentiam tuam, hoc eruditionem decet. „Servi sunt." Immo homines. „Servi sunt." Immo contubernales. „Servi sunt." Immo humiles amici. „Servi sunt." Immo conservi, si cogitaveris tantundem in utrosque licere fortunae. Itaque rideo istos, qui turpe existimant cum servo suo cenare: quare, nisi quia superbissima consuetu- 5
do cenanti domino stantium servorum turbam circumdedit? Est[1] ille plus quam capit, et ingenti aviditate onerat distentum ventrem ac desuetum iam ventris officio. At infelicibus servis movere labra ne in hoc quidem, ut loquantur, licet; virga murmur omne conpescitur, et ne fortuita quidem verberibus excepta sunt: tussis, sternumenta, singultus; nocte tota ieiuni mutique perstant. Sic fit, ut isti de domino lo- 10
quantur, quibus coram domino loqui non licet. At illi, quibus non tantum coram dominis, sed cum ipsis erat[2] sermo, quorum os non consuebatur, parati erant pro domino porrigere cervicem, periculum inminens in caput suum avertere; in conviviis loquebantur, sed in tormentis tacebant. Deinde eiusdem adrogantiae proverbium iactatur: totidem hostes esse quot servos: non habemus illos hostes, sed facimus. 15

---

1 est = von edere!
2 erat = licebat

B Lösungsteil

I Sprachliche Erläuterungen

1. ZU DEN CICERO-TEXTEN

Cicero, Text 1 (pro Archia 23 f.)

Z. 1	si quis	„si aliquis" § 23.1.
	fructum ... percipi	AcI VIDEO S. 27 ff.
		§ 116–119
Z. 2 f.	propterea quod ... continentur	„quod" VIDEO S. 52.
		Kausalsatz § 155
Z. 3 f.	qua	relativischer Satzanschluss
		VIDEO S. 61.
		§ 138
	si ... definiuntur	Konditionalsatz VIDEO S. 53.
		§ 157

```
... si res eae,                 , ... definiuntur,
        quas gessimus
                        cupere debemus (HS)
                    eodem gloriam ... penetrare
                    quo ... pervenerint
                        quod cum ... populis ... sunt,
                            de quorum ... scribitur
                              tum eis, ... hoc ... est.
                              qui dimicant,
```

Z. 4 f.	quo ... pervenerint	indirekter Fragesatz VIDEO
		S. 57 f.
		§ 143
Z. 5 ff.	quod cum ... haec ampla sunt,	„quod" VIDEO S. 52.
	tum ... hoc ... incitamentum est	Kausalsatz § 155
	cum ... tum	„sowohl ... als auch"
Z. 7	periculorum ... et laborum	genitivi obiectivi VIDEO S. 19 f.
		§ 96

Z. 8 f.	Alexander ... habuisse dicitur	NcI VIDEO S. 30. § 120
	cum ... astitisset	Temporalsatz cum historicum VIDEO S. 46. § 151
Z. 10	qui ... inveneris	Relativsatz mit kausalem Nebensinn VIDEO S. 59. kausaler Attributsatz § 162.3.
Z. 11 f.	nisi ... exstitisset, ... obruisset	Konditionalsatz (Irrealis) VIDEO S. 54. irreales Konditionalgefüge § 157
Z. 13	nonne	Fragepartikel VIDEO S. 42. § 135.2.
Z. 15	nostri ... milites	ordnen Sie: nostri milites, fortes sed, rustici viri
Z. 15	commoti	participium coniunctum VIDEO S. 31 ff. § 127
Z. 16	participes eiusdem laudis	Genitiv VIDEO S. 20. § 91
Z. 17 f.	si ... esset ... non potuit	Konditionalsatz (Irrealis) VIDEO S. 54. irreales Konditionalgefüge § 157
	potuit	§ 131.1.
Z. 17 f.	perficere, ut ... donaretur	abhängiger Wunsch-/Begehrsatz VIDEO S. 56. § 145

Cicero, Text 2 (Cat. 2, 12–14)

Z. 1	cum ... interfectus essem	Temporalsatz VIDEO S. 45. § 151
	domi	Lokativ § 111.1.
Z. 5 f.	nudam atque inanem	Prädikativa VIDEO S. 7 f. § 77
Z. 7 f.	utrum ... fuisset	abhängiger Fragesatz VIDEO S. 58. § 143
	necne	„oder nicht"

Z. 8	cum ... reticuisset	Kausalsatz VIDEO S. 46.
		§ 155
		im Dt. gleichzeitig zu übersetzen
	convictus	participium coniunctum VIDEO S. 31 ff.
		§ 127
Z. 9 f.	quid, ubi, quid, quemadmodum	abhängige Fragesätze VIDEO S. 57 f.
		§ 143
	ei	dativus auctoris VIDEO S. 22.
		§ 86

cum haesitaret, cum teneretur
    quaesivi *(HS)*
      quid dubitaret ... eo,
           quo ... pararet
              cum ... scirem *(Z. 12/13)*
        arma ... aquilam illam, ... esse praemissam.
            cui ... fecerat,

Z. 11 ff.	cum arma, cum secures	im Deutschen wird das „cum" nur einmal übersetzt
	arma, secures, fasces, tubas,	AcI VIDEO S. 27 ff.
		§ 116–119, abhängig von
	signa militaria, aquilam argentam esse praemissam	scirem (Z. 15), wobei „praemissam" mit dem zuletzt stehenden „aquilam" kongruiert
Z. 14	quem ... ingressum esse videbam	AcI VIDEO S. 27 ff. im Attributsatz
		§ 160 / § 118
Z. 17	ut aiunt	Komparativsatz VIDEO S. 56 f.
		§ 158

Cicero, Text 3 (Cat. 2, 1–2)

Z. 1 ff.	furentem, anhelantem, molientem, minitantem egredientem	participia coniuncta VIDEO S. 31 ff.
		§ 127
Z. 9	cum est ... depulsus	Temporalsatz VIDEO S. 45.
		§ 151.2.d.

Z. 12	ut voluit	Komparativsatz VIDEO S. 56 f. §158
	vivis nobis	nominaler ablativus absolutus VIDEO S. 36. §128.b.
Z. 13	stantem	participium coniunctum VIDEO S. 31 ff. §127
Z. 14	quanto … putatis	Fragesatz im AcI §118
Z. 15	prostratus	participium coniunctum VIDEO S. 31 ff. §127
Z. 15	se perculsum atque abiectum esse sentit	AcI VIDEO S. 27 ff. §116–119
Z. 16	quam … ereptam esse luget	relativische Satzverschränkung VIDEO S. 61. AcI im Attributsatz §160 / §118
	quae	relativischer Satzanschluss VIDEO S. 61. §138
Z. 17	quod … evomuerit -que proiecerit	innerlich abhängiger(VIDEO S. 51, Anm. 2; §139) Kausalsatz VIDEO S. 52 f. §155

Cicero, Text 4 (Cat. 3, 5–6)

Z. 2	quid fieri placeret	indirekter/abhängiger Fragesatz VIDEO S. 57 f. §143
Z. 3	qui … sentirent	Relativsatz mit kausalem Nebensinn VIDEO S. 59. kausaler Attributsatz §162.3.
	omnia	„ausschließlich"
	sentire	„Grundsätze haben"
Z. 4	cum advesperasceret	cum historicum VIDEO S. 46. Temporalsatz §151

Z. 6	ut … interesset	Konsekutivsatz VIDEO S. 55. § 149
Z. 8	delectos	attributives Partizip = „ausgewählte"
Z. 8	opera	Ablativobjekt zu „utor" § 106
Z. 9	tertia fere vigilia exacta	ablativus absolutus VIDEO S. 34 ff. § 128
Z. 13	integris signis	nominaler ablativus absolutus VIDEO S. 36. § 128.b.
Z. 14	comprehensi	participium coniunctum VIDEO S. 31 ff. § 127

Cicero, Text 5 (pro Cluentio 7 ff.)

Z. 1	me … accedere	AcI VIDEO S. 27 ff. § 116–119
Z. 1 ff.	quae … audiatur atque convicta atque damnata sit	Relativsatz mit konsekutivem Nebensinn VIDEO S. 59. konsekutiver Attributsatz § 162.2.
Z. 3	si qui	„si aliqui" § 23
Z. 3 f.	si … conciliarit, efficiam	Konditionalsatz (Realis) VIDEO S. 53. indefinites Konditionalgefüge § 157
Z. 3	ad me audiendum	Gerundivum VIDEO S. 38 ff. § 123
Z. 4 f.	ut intellegatis	abhängiger Wunsch/Begehrsatz VIDEO S. 55. § 145
	nihil esse homini tam timendum	Gerundivum VIDEO S. 38 ff. § 123 im AcI VIDEO S. 27 ff. §116–119
Z. 5	nihil innocenti … tam optandum	s. o.
	suscepta invidia	ablativus absolutus VIDEO S. 34 ff. § 128
Z. 6 f.	quod … reperiatur	Kausalsatz VIDEO S. 52 f. § 155

Z. 7 ff.	quam ob rem	relativischer Anschluss VIDEO S. 61. § 138
	si ... potuero, ... locum ... futurum	Konditionalsatz (Realis) VIDEO S. 53. indefinites Konditionalgefüge § 157 mit Aussagesatz im AcI § 116–119 abhängig von „spes me tenet"
Z. 8	dicendo	Gerundium VIDEO S. 37 f. § 122
Z. 8 f.	quem ... putaverunt	relativische Satzverschränkung VIDEO S. 61. AcI im Attributsatz § 160 / § 118
	horribilem ... ac formidolosum	Prädikatsnomina VIDEO S. 5 f. § 69
Z. 10	iactatae	participium coniunctum VIDEO S. 31 ff. § 127
	portum ac perfugium	Prädikatsnomina VIDEO S. 5 f. § 71
Z. 11 f.	quae ... dicenda esse videantur	Relativsatz mit konsekutivem Nebensinn VIDEO S. 59. konsekutiver Attributsatz § 162.2. NcI VIDEO S. 30 ff. § 120 Gerundivum VIDEO S. 38 ff. § 123
	ante quam ... dico	Temporalsatz § 153
Z. 12	ne ... teneatur	Finalsatz VIDEO S. 49. § 148
	qua ... utendum esse intellego	Ablativobjekt VIDEO S. 24. § 106 Gerundivum VIDEO S. 38 ff. § 123 relativische Satzverschränkung VIDEO S. 61. AcI im Attributsatz § 160 / § 118

Z. 14 f.	sic ut ... audiatis	Konsekutivsatz VIDEO S. 5. § 149
	quasi ... dicatur	Komparativsatz VIDEO S. 56 f. § 158
	sicuti dicitur	Komparativsatz VIDEO S. 56 f. § 158
	non quasi ... dicta et ... probata sit	Komparativsatz VIDEO S. 56 f. § 158

```
si ... conciliarit,
        efficiam profecto (HS),
                ut intellegatis
                        nihil esse ... timendum ..., nihil ... tam optandum
                                                ... quam iudicium,
                                                quod reperiatur.


... me spes tenet (HS),
            si ... omnia ... potuero
                quae sunt ...,
        locum concessumque ...,              portum ac perfugium futurum (esse).
                        quem ... putaverunt
```

```
Tametsi
 permulta sunt,
            quae mihi ... videantur
                tamen adgrediar ... cum illa deprecatione (HS),
                ne ... teneatur,            qua ... intellego, sic ut ... audiatis,
                                                        quasi ... dicatur,
                                                        sicuti dicitur,
                                                        non quasi ...
                                                        probata sit.
```

| Z. 16 | criminis diluendi | Gerundivum VIDEO S. 38 ff. § 123 |

Cicero, Text 6 (de oratore 30 ff.)

| Z. 1 | quicquam ... praestabilius (esse) | NcI VIDEO S. 30 f. § 120 |
| | videtur dicendo | Gerundium VIDEO S. 37 f. § 122 |

Z. 2	quo velis, unde … velis	indirekte / abhängige Fragesätze VIDEO S. 57 ff. § 143
	velis	„man" § 66.e.
Z. 5 f.	qui … facere possit	Relativsatz mit konsekutiven Nebensinn VIDEO S. 39. konsekutiver Attributsatz § 162.2.
	quod … sit datum	s. o.
Z. 7	cognitu atque auditu	Supina VIDEO S. 40 f. II § 121
Z. 10 f.	adflictos	substantiviertes Partizip: „Niedergeschlagene"
Z. 13 f.	ne … meditere	Finalsatz VIDEO S. 49. § 148
Z. 16 f.	quod conloquimur et … possumus	Kausalsatz VIDEO S. 52. § 155
Z. 17	quam ob rem	relativischer Satzanschluss VIDEO S. 61. § 138
	quis … non … miretur	potentialer Fragesatz § 136
Z. 18	elaborandum esse	Gerundivum (VIDEO S. 38 ff. / § 123) im AcI § 116–119
Z. 18 f.	ut … antecellat	Konsekutivsatz VIDEO S. 55. § 149 Relativsatz mit konsekutivem Nebensinn VIDEO S. 59.
	quo … praestent	konsekutiver Attributsatz § 162.2.
	uno	Prädikativum VIDEO S. 7 f. § 77

Cicero, Text 7 (de imp. 12–13)

| Z. 1 f. | tractatis | participium coniunctum VIDEO S. 31 ff. § 127 |

Z. 2 f.	milibus ... necatis	ablativus absolutus VIDEO S. 34 ff. § 128
	civium Romanorum	genitivus partitivus VIDEO S. 20. materiae § 99
Z. 3	quo ... animo	ablativus qualitatis VIDEO S. 26. § 104
	quod erant appellati	„quod" VIDEO S. 52. Kausalsatz § 155
Z. 4 f.	Corinthum ... exstinctum esse	AcI VIDEO S. 27 ff. § 116–119
Z. 6	excruciatum	participium coniunctum VIDEO S. 31 ff. § 127
Z. 9 f.	ne ... turpissimum sit	abhängiger Wunsch/Begehrsatz VIDEO S. 49. § 145
	turpissimum	Prädikatsnomen VIDEO S. 5. § 69
	ut ... fuit	Komparativsatz VIDEO S. 56 f. § 158
Z. 11 f.	quod ... vocatur	faktisches/konstatives „quod" VIDEO S. 53. § 142
Z. 17	cum ... miseritis	Kausalsatz VIDEO S. 46. § 155
Z. 18	se facere ... posse	AcI VIDEO S. 27 ff. § 116–119

Cicero, Text 8 (pro Murena 78 ff.)

Z. 1 f.	ut ... arbitraretur	Konsekutivsatz VIDEO S. 55. § 149
Z. 2	se oppressurum (esse)	AcI VIDEO S. 27 ff. § 116–119
Z. 3	quam ... putat	Komparativsatz VIDEO S. 56 f. § 15

Z. 4	quo	relativischer Satzanschluss VIDEO S. 61. § 138
	me consule	nominaler ablativus absolutus VIDEO S. 36. § 128.b.
	dormientes	participium coniunctum VIDEO S. 31 ff. § 127
Z. 5	ecquid ... metuam	indirekter/abhängiger Fragesatz VIDEO S. 57 f. § 143
	ne quis metueret	abhängiger Wunsch/Begehrsatz VIDEO S. 49. § 145
	ne quis	ne aliquis § 23
Z. 6	esse metuendas	Gerundivum VIDEO S. 38 ff. § 123 im AcI VIDEO S. 27 ff. § 116–119
Z. 7	qui ... deseruisse dicuntur	NcI VIDEO S. 30 f. § 120
Z. 8	relicti	participium coniunctum VIDEO S. 31 ff. § 127
Z. 10 f.	coniunctum	participium coniunctum VIDEO S. 31 ff. §127 bezieht sich auf „consulem et imperatorem"
	consulem ... deici ... et ... deturbari	AcI VIDEO S. 27 ff. § 116–119
Z. 11	quorum	relativischer Satzanschluss VIDEO S. 61. § 138
Z. 12	domi	Lokativ § 111.1.
Z. 12 f.	si ... tradideritis, ... erunt	Konditionalsatz (Realis) VIDEO S. 53 ff. indefinites Konditionalgefüge § 157

Z. 14	magni	genitivus pretii VIDEO S. 20. § 95
	multis repugnantibus	ablativus absolutus VIDEO S. 34 ff. § 128
Z. 15	esse … duo consules	AcI VIDEO S. 27 ff. als Subjekt § 119.3.

Cicero, Text 9 (Philippica 13, 7–8)

Z. 2	meritus	attributives Partizip, wiederzugeben mit einem Attributsatz
Z. 5 f.	quod … est	faktisches/konstatives „quod" VIDEO S. 53. § 142
	hoc animo	ablativus qualitatis VIDEO S. 26. § 104
	vita mea	ablativus comparationis VIDEO S. 25. § 103
Z. 6 ff.	cum … adduxit … -que liberavit	Temporalsatz VIDEO S. 45. § 151.2.a.
Z. 9	me … obligatum … puto	AcI VIDEO S. 27 ff. § 116–119
Z. 10	quos potui amplissimos	„möglichst weitreichende"
Z. 12	inligatum	Partizip zur Hervorhebung eines dauernden Zustandes bei „habere" und „tenere"
Z. 15 f.	violatus	erg. „est"
	liberati	erg. „sunt"
Z. 16 f.	nullo pacto	„in keinster Weise"

Cicero, Text 10 (Philippica 6, 2)

Z. 2 f.	referendi	Gerundium VIDEO S. 37 f. § 122

	primum fuit ex eo, quod	Subjekt ist „causa". Übersetzung: „lag in erster Linie in dem begründet, was …"
	a.d. XIII. Kalendas Ianuarias	„am 20. Dezember"
	me auctore	nominaler ablativus absolutus VIDEO S. 36. § 128.b.
Z. 3	rei publicae	„für die jetzige Politik"
Z. 4	ut … liberi essetis	Konsekutivsatz VIDEO S. 55. § 149
	quo	relativischer Satzanschluss VIDEO S. 61. § 138
Z. 5	si … adlaturus esset	Konditionalsatz § 157
Z. 6 f.	cum … conclamastis	cum temporale VIDEO S. 45. Temporalsatz § 151.2.a.
	conservatam esse rem publicam	AcI VIDEO S. 27 ff. § 116–119
Z. 8	excitatus	participium coniunctum VIDEO S. 31 ff. § 127
Z. 9	ut meminissem	Konsekutivsatz VIDEO S. 55. § 149
	quam … sustinerem	indirekter/abhängiger Fragesatz VIDEO S. 57 f. § 143
	impositam	attributives Partizip „auferlegte"
Z. 10	bellum inlatum (esse)	AcI VIDEO S. 27 ff. § 116–119
	cum viderem	cum causale VIDEO S. 46. Kausalsatz § 155
	interponendam (esse)	Gerundivum VIDEO S. 38 ff. § 123
Z. 11	insequendi	Gerundium VIDEO S. 37 f. § 122

Z. 11 ff.	qui ... oppugnaret, ... obsideret	Relativsatz mit kausalem Neben-sinn VIDEO S. 59. kausaler Attributsatz § 160.3.
	rebus ... commissis	ablativus absolutus VIDEO S. 34 ff. § 128
Z. 13	persequendum (esse)	Gerundivum VIDEO S. 38 ff. § 123

```
... cum viderem
          bellum ... inlatum (esse)
      ... putavi (HS)                                    censui (HS)
                 moram interponendam ... Antonium        hominem ... persequendum
                                                         (esse)
                                                            qui ... oppugnaret,
```

Z. 14 f.	quo ... incumberent	Finalsatz § 148
	ad ulciscendas ... iniurias	Gerundivum VIDEO S. 38 ff. § 123
	rei publicae	genitivus obiectivus VIDEO S. 19 ff. § 96
Z. 15 f.	si ... viderent	Konditionalsatz § 157
Z. 17 f.	ut ... viderentur	Konsekutivsatz VIDEO S. 55. § 149
	quamquam ... facta non esset	Konzessivsatz VIDEO S. 50. § 156 mit Modusangleichung § 162 Anm.

Cicero, Text 11 (Philippica 6, 3 f.)

Z. 1	sententiam repudiari	AcI VIDEO S. 27 ff. § 116–119
Z. 2	-ne	Fragepartikel VIDEO S. 42. § 135.1.
	qui ... acessierit (Z. 5)	Relativsatz mit konzessivem Nebensinn VIDEO S. 59. konzessiver Attributsatz § 162.4.

Z. 2 f.	pecunia ... dissipata atque effusa	ablativi absoluti VIDEO S. 34 ff. § 128
	impostitis ... legibus fugata contione obsesso senatu	
Z. 3 f.	ad opprimendam	Gerundivum VIDEO S. 38 ff. § 123
	relictus	participium coniunctum VIDEO S. 31 ff. § 127
Z. 5	inruperit, oppugnet, circumsedet	die Konjunktive sind noch von „qui" (Z. 2) abhängig
Z. 7 f.	nisi paruerit	Konditionalsatz VIDEO S. 53. § 157
Z. 9	qui nuntient	Relativsatz mit finalem Nebensinn VIDEO S. 59. finaler Attributsatz § 162.1.
Z. 9 f.	ne oppugnet, ... ne obsideat, ne depopuletur, ne habeat, sit in ... potestate	abhängige Wunsch/Begehrssätze VIDEO S. 49 ff. § 145
Z. 12	qui ... fuerit	Relativsatz mit konzessivem Nebensinn VIDEO S. 59. konzessiver Attributsatz § 162.4.
Z. 13	quo ... rapuit, quo ...	Attributsatz § 160 „quo" = Relativadverb
Z. 15	ut ... paruerit	Konsekutivsatz VIDEO S. 55. § 149

Cicero, Text 12 (Philippica 2, 23 ff.)

Z. 1	quod ... ausus es	Attributsatz § 160 / Bezugswort ist „eo" (Z. 3)
Z. 1 ff.	Pompeium ... esse diiunctum -que bellum ... esse natum	AcI VIDEO S. 27 ff. § 116–119
Z. 4	M. Bibulo ... consule	nominaler ablativus absolutus VIDEO S. 36. § 128.b.

Z. 4 f.	quantum ... potui	Komparativsatz § 158
	nihil praetermisi ... quin	Konsekutivsatz § 149 Anm.
	quo	relativischer Satzanschluss § 138
Z. 6 f.	postea ... quam ... tradidit	Temporalsatz VIDEO S. 49 f. § 152
	quid ... conarer	Fragesatz mit irrealem Konjunktiv § 136
Z. 7 f.	stulti ... impudentis	genitivius possessivus
	erat	VIDEO S. 19. genetivi pertinentiae § 92 im Deutschen Konjunktiv § 131
Z. 8 f.	quibus ... suaserim	Relativsatz mit konsekutivem Nebensinn VIDEO S. 59 ff. konsekutiver Attributsatz § 162.2.
Z. 9	velim	potentialer Konjunktiv § 132
	(ut) reprehendas	abhängiger Wunsch/Begehrsatz VIDEO S. 55. § 145
	si potes	Konditionalsatz VIDEO S. 53. § 157
Z. 9 f.	ne ... prorogaret	Begehrsätze, noch abhängig von
	ne pateretur	„suaserim"
Z. 11 f.	si ... persuasissem ... incidissemus	irreales Konditionalgefüge VIDEO S. 54. § 157
Z. 12 f.	cum ... detulisset, -que coepisset,	cum historicum VIDEO S. 46. Temporalsatz § 151 mit Subjektswechsel -que viderem

```
... ego non destiti,
... que ... vox est nota (HS)
              cum ... detulisset, ... que ea ... coepisset, ...    -que ... viderem
                            quae ... provideram,            inferri bellum
```

Z. 15 f.	utinam ... coisses aut ... diremisses	unerfüllbarer Wunsch der Vergangenheit VIDEO S. 15. § 134.2.

Cicero, Text 13 (Philippica 5, 2–4)

Z. 1 ff.	ut ... possetis	Konsekutivsatz VIDEO S. 55. § 150
	quantum ... esset	indirekter/abhängiger Fragesatz VIDEO S. 57 f. § 143
	virtutis; constantiae; gravitatis	genitivi partitivi VIDEO S. 20. genetivi materiae § 99
Z. 3 f.	qui dies ... fuerit	indirekter/abhängiger Fragesatz VIDEO S. 57 f. § 143
	nudius tertius decimus	„heute vor 12 Tagen"
Z. 4 f.	quantus; quanta; quanta ...	erg. „fuerit" indirekter/abhängiger Fragesatz VIDEO S. 57 f. § 143
	quantam ... laudem ...	die Fragewörter variieren in ihrer syntaktischen Funktion
Z. 6 f.	ut ... sit	Konsekutivsatz VIDEO S. 13. § 149
Z. 8	deponat, rogat, deprecetur	„jussive" Konjunktive VIDEO S. 13. § 133.3.
	dum	Temporalsatz VIDEO S. 47 f. § 154
Z. 10	quod possit	Relativsatz mit konsekutivem Nebensinn VIDEO S. 59 ff. konsekutiver Attributsatz § 162.2.
	gerenti	participium coniunctum VIDEO S. 31 ff. § 127 erg. „ei" – gemeint ist Antonius
Z. 11 f.	de quo ... feceritis	Relativsatz mit kausalem Neben- sinn VIDEO S. 59 ff. kausaler Attributsatz § 162.3.
Z. 12 f.	levitatis est, sed ... dementiae ut ... dicam	genitivus possessivus VIDEO S. 19. genetivi pertinentiae § 92 Finalsatz VIDEO S. 55. § 148

Z. 13 f.	qui ... suscepissent	Relativsatz mit kausalem Neben-sinn VIDEO S. 59.
		kausaler Attributsatz § 162.3.
Z. 14 f.	cum ... essent deducti	cum concessiuum VIDEO S. 46.
		Konzessivsatz § 156
Z. 16 f.	si ... reliquerunt, ... sunt	Konditionalgefüge (Realis) VIDEO S. 53.
		indefinites Konditionalgefüge § 157
	vituperandae sunt (legiones)	Gerundivum VIDEO S. 38 ff.
		§ 123

Cicero, Text 14 (de imp. 7–8)

Z. 1 f.	quoniam ... fuistis	Kausalsatz VIDEO S. 51.
		§ 155
	gloriae ...; ... avidae	genetivi obiectivi VIDEO S. 19 f.
		§ 96 / § 91
Z. 2	delenda vobis est	Gerundivum VIDEO S. 38 ff.
		§ 123
	concepta	attributives Partizip, mit einem Attributsatz wiederzugeben VIDEO S. 32.
Z. 3	quae	relativischer Satzanschluss VIDEO S. 61.
		§ 138
Z. 3 f.	quod ... curavit (Z.6)	Kausalsatz VIDEO S. 52.
		§ 155
Z. 5	necandos trucidandosque	„curare" mit Gerundivum VIDEO S. 39.
		(§ 123)
	curavit	„dafür sorgen, dass ... "
Z. 7 f.	ut ... velit	Konsekutivsatz VIDEO S. 55.
		§ 149

```
Quae ... insedit ac nimis inveteravit ... (HS),
      quod is,       non modo ... suscepit, sed ... regnat, et ita regnat,
             qui ... curavit,                              ut non occultare velit, sed ... versari.
```

Z. 12	pulsus superatusque	participia coniuncta VIDEO S. 31 ff. § 127
Z. 13	est tribuenda, ... venia danda	Gerundiva VIDEO S. 38 ff. § 123
	conficiendum	Gerundivum VIDEO S. 38 ff. § 123
Z. 15 f.	tempus conferre ad ...	„Zeit verwenden auf"

Cicero, Text 15 (de prov. cons. 19 f.)

Z. 2 f.	devinctae	attributives Partizip; mit einem Attributsatz wiederzugeben
	adfectum (esse)	AcI VIDEO S. 27 ff. § 116–118
	ut dicam	Finalsatz VIDEO S. 55. § 148
Z. 3 f.	ut ... videamus	Konsekutivsatz VIDEO S. 55. § 149
Z. 3 f.	si ... persequitur	Konditionalsätze (§ 157) in adver-
Z. 4 f.	si succeditur	sativem Verhältnis: zu verbinden mit „aber"
	periculum sit	noch abhängig von „ut" (Z. 4)
	ne ... audiamus	abhängiger Wunsch/Begehrsatz VIDEO S. 49. § 146

Bellum adfectum (esse) videmus *(HS)*
et, ...   paene confectum, sed ita *(HS)*
  ... ut dicam,   ut ... videamus ... periculum sit, ... ne ... audiamus.
                                    si idem, ... persequitur, ...
                                    si succeditur
                                                qui inchoavit,

---

	instauratas ... reliquias ac revocatas (esse)	AcI VIDEO S. 27 ff. § 116–119
Z. 6	sicut ... fui	Komparativsatz § 158
Z. 7 f.	quis me ... reprehendet?	potentialer Fragesatz VIDEO S. 42. § 136

Z. 8 f.	cum ... censuerim	cum causale VIDEO S. 46.
		Kausalsatz § 155
Z. 9 f.	ex	= „in"
	consiliorum atque factorum	genitivi obiectivi VIDEO S. 19 f.
		§ 96
	petenda	Gerundivum VIDEO S. 38 ff.
		§ 123, bezieht sich
		auf „exempla" (Z. 10)
	an	Fragepartikel VIDEO S. 52.
		§ 135.3.
Z. 11 f.	quod ... rediit	Kausalsatz VIDEO S. 52.
		§ 155
	quo die ... est factus	Attributsatz § 160, wobei das
		Beziehungswort im gleichen Satz
		steht
	censor	Prädikatsnomen VIDEO S. 5.
		§ 68
Z. 13 f.	ut ... defenderent	Finalsatz VIDEO S. 55.
		§ 148
Z. 15	nonne	Fragepartikel VIDEO S. 42.
		§ 135.2.
	quibus	relativischer Anschluss VIDEO
		S. 61.
		§ 138

Cicero, Text 16 (Sext. Rosc. 61 ff.)

Z. 1 f.	quam ob causam ... occiderit	indirekter/abhängiger Fragesatz
		VIDEO S. 57 f.
		§ 143
Z. 4	quae causa ... fuerit	s. o.
	malefici	genitivus obiectivus VIDEO
		S. 19 ff.
		§ 96
	quaeri non putat oportere	AcI VIDEO S. 27 ff.
		§ 116–119, wobei „quaeri"
		den Subjektsakkusativ bildet

Z. 5	quo	relativischer Satzanschluss VIDEO S. 61. § 138
Z. 5 f.	cum ... videntur	Konzessivsatz VIDEO S. 46. § 156
Z. 8	commissa	attributives Partizip VIDEO S. 32. § 127 als Attribut wiederzugeben
Z. 9	ostendatur	der Konjunktiv hängt ab von „necesse est"
Z. 10 f.	ubi, qua ratione, per quos, quo tempore maleficium sit admissum	indirekter/abhängiger Fragesatz VIDEO S. 57 f. § 143
Z. 11 f.	nisi ... sunt ... credi non potest	Konditionalgefüge (Realis) VIDEO S. 53. indefinites Konditionalgefüge § 157
Z. 14 f.	esse aliquem	AcI VIDEO S. 27 ff. als Subjekt § 119.3.
Z. 15	specie et figura	ablativi qualitatis VIDEO S. 26. § 104
	qui ... vicerit	Relativsatz mit konsekutivem Nebensinn VIDEO S. 59. konsekutiver Attributsatz § 162.2
Z. 15 f.	ut ... privarit	Konsekutivsatz VIDEO S. 55. § 149
Z. 16 f.	cum ... conciliet	cum causale VIDEO S. 46. Kausalsatz § 155

**portentum atque
monstrum ... est** *(HS)*
        esse aliquem ...,
                qui tantum ... vicerit,
                        ut ... eos ... privarit
                                propter quos ... aspexerit,
                                      cum ... conciliet.

Cicero, Text 17 (In Verrem 2, 4, 1–2)

Z. 1	quem ad modum ... appellat	Komparativsatz § 158

Z. 2	quo appellem	indirekter/abhängiger Fragesatz (VIDEO S. 57./§ 143) mit deliberativer Bedeutung (§ 136)
Z. 3	penditote	Imperativ II
Z. 4 f.	quo id nomine appellandum (esse) putetis	AcI (VIDEO S. 27 ff./§ 118) im abhängigen Fragesatz (§ 143) mit deliberativer Bedeutung (§ 136)
	appellandum	Gerundivum VIDEO S. 38 ff. § 123
Z. 5 ff.	nego ... ullam ... vas ... fuisse, quin ... abstulerit	vgl. Satzbild
Z. 9 f.	quin conquisierit, inspexerit ..., abstulerit	konsekutiver Relativsatz VIDEO S. 52. Konsekutivsatz § 149 Anm.

Nego in Sicilia tota ... *(HS)*
    ullum ... vas,
    ullam gemmam aut margaritam fuisse,
    quicquam...factum,
    signum ullum aeneum, mermoreum, eburneum,
nego *(HS)*
    ullam picturam neque ... neque ...,
            quin conquisierit, inspexerit, abstulerit
                     quod placitum sit.

Anm.: der „quin"-Satz bezieht sich auf alle(!) Subjektsakkusative.

Z. 9	videor dicere	NcI VIDEO S. 30 ff. § 120
Z. 10	criminis augendi	Gerundivum VIDEO S. 38 ff. § 133
Z. 11	cum dico	cum temporale VIDEO S. 45. Temporalsatz § 151.2.b.
	istum ... reliquisse	AcI VIDEO S. 27 ff. § 116–119
Z. 12	scitote	Imperativ II

Z. 12 ff. nihil ... istum ... reliquisse   vgl. Satzbild

Etiam planius (dicam): *(HS)*
  istum *(Z. 14)* ... reliquisse *(Z. 16)*
    nihil in aedibus, ne in hospitis quidem,
    nihil in locis communibus, ne in fanis quidem,
    nihil apud Siculum,
    nihil apud civem Romanum,
    nihil, ... neque privati neque publici neque profani neque sacri
      quod ... acciderit,

Anm.: „nihil" bildet jeweils das Akkusativobjekt zu „reliquisse".

Cicero, Text 18 (In Verrem 2, 4, 115–116)

Z. 2 f.	ut ... concludam atque ... definiam	Finalsatz VIDEO S. 55.
		§ 148
Z. 3 f.	quin ... audierit, ... legerit	konsekutiver Relativsatz VIDEO
	quem ad modum captae sint	S. 52.
		Konsekutivsatz § 149 Anm.
		indirekter/abhängiger Fragesatz
		VIDEO S. 57 ff.
		§ 143
Z. 7 f.	ab illo ... conditas, ab hoc ... captas	AcI VIDEO S. 27 ff.
	(esse) ... Syracusas	§ 116–119
Z. 8	constitutas	participium coniunctum VIDEO
		S. 31 ff.
		§ 127

Ac ... illa omitto *(HS)*,
  quae ... dicta sunt
    forum, ... id (= forum) ... redundasse, portum, ..., eum (= portum) ... patuisse;
      quod ... servatum est,   qui ... fuisset,

Z. 11 f.	qui ... fuisset	innerlich abhängiger Attributsatz
		§ 139
Z. 13	adhibitam, ... violatas	attributive Partizipien, wiederzu-
		geben mit Attributsätzen
	quae	erg. im Deutschen „Verbrechen"
Z. 14	capta	participium coniunctum
		VIDEO S. 31 ff.
		§ 127

Cicero, Text 19 (In Verrem 2, 4, 72 f.)

Z. 1 f.	quod ... conditum esse	AcI (VIDEO S. 27 ff. / § 116–119) im Attributsatz
	demonstrant	(§ 160) / bes. § 118
	fugiente ... atque ... veniente	participia coniuncta VIDEO S. 31 ff. § 127
Z. 3 f.	se ... coniunctos esse	AcI VIDEO S. 27 ff. § 116–119
Z. 4 f.	cum ... bellaret	Temporalsatz VIDEO S. 46. § 151
Z. 6	quae ... possent	Relativsatz mit konsekutivem Nebensinn VIDEO S. 59 ff. konsekutiver Attributsatz § 162.2.
Z. 7 f.	cum ... tum	sowohl ... als auch
Z. 9	translatum	participium coniunctum VIDEO S. 31 ff. § 127
Z. 11	digna (esse) ... videbatur	NcI VIDEO S. 30 f. § 120
	digna ... colerent	„dignus" mit Konjunktiv: „würdig, verehrt zu werden"
Z. 12	qua	relativischer Satzanschluss VIDEO S. 61. § 138
Z. 13 f.	ut ... gaudeatis et ... iudicetis	Finalsatz VIDEO S. 55. § 148
	domesticis	„römischen"
Z. 14	convocatis Siculis	ablativus absolutus VIDEO S. 34 ff. § 128
Z. 14 f.	quod ... cognorat	Kausalsatz VIDEO S. 52. § 155
Z. 15 f.	iubet omnia conquiri	AcI bei „iubere" § 119.2.b.

Z. 16 f.	pollicetur sibi ... curae fore, ut ... restitueretur	AcI VIDEO S. 27 ff. § 116–119, wobei der abhängige („ut") Begehrsatz (VIDEO S. 38 ff./§ 145) als Subjektsakkusativ dient
	quae ... fuissent	innerlich abhängiger Attributsatz VIDEO S. 51, Anm. 2. § 139

Cicero, Text 20 (In Verrem 2, 4, 120 f.)

Z. 1 f.	ne haec ... commemorata esse	NcI VIDEO S. 30 f. § 120
	videantur	Finalsatz § 148
Z. 2	qui	relativischer Satzanschluss VIDEO S. 61. § 138
	cum ... cepisset	Temporalsatz cum historicum VIDEO S. 46. § 151
Z. 3	hoc pertinere	AcI VIDEO S. 27 ff. § 116–119
Z. 3 f.	ex qua ... ostenderetur	Relativsatz mit kausalem Nebensinn VIDEO S. 59. kausaler Attributsatz § 162.3.
	periculi	genitivus partitivus VIDEO S. 20. genitivus materiae § 99
Z. 5 f.	quasi ... venisset	Komparativsatz VIDEO S. 51. § 158
	ad ... defendenda ..., non oppugnanda	Gerundiva VIDEO S. 38 ff. § 123
Z. 7 f.	victoriae ... humanitatis	genitivus possessivus VIDEO S. 19. genetivi pertinentiae § 92
	quae ... possent	konsekutiver Adverbialsatz § 162.2., der zugleich innerlich abhängig ist VIDEO S. 51, Anm. 2. § 139
Z. 8	quam ... voluisset	innerlich abhängiger Attributsatz VIDEO S. 51, Anm. 2. § 139

Z. 10 ff.	si ... contulisset, domum ... futuram esse	Konditionalgefüge (Realis) VIDEO S. 53. indefinites Konditionalgefüge (§157) im AcI (VIDEO S. 27 ff./ § 116–119)
Z. 13 ff.	ut ... comparetis ne ... fiat ut ... conferatis	Finalsätze VIDEO S. 55. § 148

Cicero, Text 21 (de inv. 2, 1–2)

Z. 1 f.	cum florerent ... et ... numerarentur	cum historicum Temporalsatz VIDEO S. 46. § 151
Z. 2	beati	Prädikatsnomen VIDEO S. 5. § 68
Z. 3 f.	qui ... excellere ... existimabatur	NcI VIDEO S. 30 f. § 120
Z. 4	conductum	participium coniunctum VIDEO S. 31 ff. § 127 bezieht sich auf „Zeuxin" (Z. 3)
Z. 5 f.	ut ... contineret	Finalsatz VIDEO S. 55. § 148
Z. 6	(se) ... velle	AcI VIDEO S. 27 ff. § 116–119
	quod	relativischer Satzanschluss VIDEO S. 61 ff. § 138
Z. 6 ff.	qui ... accepissent	Relativsatz mit kausalem Nebensinn VIDEO S. 59. kausaler Attributsatz § 162
	eum ... praestare	AcI VIDEO S. 27 ff. § 116–119
	in corpore pingendo	Gerundivum VIDEO S. 38 ff. § 122

Z. 8 f.	si ... elaboravisset,	abhängiges Konditionalgefüge
	eum ... relicturum (esse)	§ 157 / § 141 Anm. 3. / § 116–119
	quo ... posset	VIDEO S. 51, Anm. 2.
		abhängiger Attributsatz § 139
Z. 11	dum pingo	Temporalsatz VIDEO S. 47 ff.
		§ 154
Z. 11 f.	ut ... transferatur	Finalsatz VIDEO S. 55.
		§ 148
Z. 13	quam vellet	Relativsatz mit konsekutivem
		Nebensinn VIDEO S. 59.
		konsekutiver Attributsatz § 162
	eligendi	Gerundium VIDEO S. 37 f.
		§ 122
Z. 14 f.	quod ... essent ... probatae	abhängiger Kausalsatz § 139
	qui ... debuisset	abhängiger Attributsatz § 139
Z. 16	quae quaereret	Relativsatz mit konsekutivem
		Nebensinn VIDEO S. 59.
		abhängiger Attributsatz
		VIDEO S. 51, Anm. 2.
		§ 139
Z. 17	quod ... expolivit	Kausalsatz VIDEO S. 52.
		§ 155

Cicero, Text 22 (de senec. 19, 66–69)

Z. 1	quae ... angere atque ... sollicitare ...	NcI VIDEO S. 30 f.
	videtur	§ 120
Z. 3	qui ... non viderit	Relativsatz mit kausalem Neben-
		sinn VIDEO S. 59.
		kausaler Attributsatz § 162
	mortem contemnendam esse	Gerundivum (VIDEO S. 38 ff. /
		§ 123) im AcI
		(VIDEO S. 27 ff. / § 116–119)
Z. 3 f.	mors aut ... neglegenda est ...	Gerundiva VIDEO S. 38 ff.
	aut ... optanda	§ 123
Z. 4 f.	si ... deducit	Konditionalsatz VIDEO S. 53.
		§ 157
Z. 5	ubi sit futurus	indirekter / abhängiger Fragesatz
		VIDEO S. 57 f.
		§ 143

Z. 5 f.	quid ... timeam	potentialer Fragesatz VIDEO S. 42. §136
Z. 7	quamvis sit	Konzessivsatz VIDEO S. 51. § 156
	cui sit exploratum	Relativsatz mit konsekutivem Nebensinn VIDEO S. 59. konsekutiver Attributsatz § 162
Z. 7 f.	se ... esse victurum	AcI VIDEO S. 27 ff. § 116–119
Z. 14	cum ... consecutus est	Kausalsatz im Indikativ § 155 Anm. 2.

Caesar, Text 1 (B.G. VI, 7-8)

Z. 1	magnis coactis ... copiis	ablativus absolutus VIDEO S. 34 ff. § 128
	peditatus equitatusque	genitivus materiae § 99
Z. 2 f.	a milibus passuum quindecim	ablativus differentiae § 108
Z. 4	sperans	participium coniunctum VIDEO S. 31 ff. § 127
Z. 4 f.	fore aliquam facultatem	AcI VIDEO S. 27 ff. § 116–119
	fore	= futuram esse
	dimicandi	Gerundium VIDEO S. 37 f. § 122

Labienus	sperans	proficiscitur	et	communit *(HS)*
... cognito consilio	fore ... facultatem	praesidio ... relicto		intermisso spatio

Z. 7 f.	quid ... sit	abhängiger / indirekter Fragesatz VIDEO S. 57 f. § 143
	sui consilii	genitivus partitivus VIDEO S. 20. genitivus materiae § 99
Z. 8	quo facilius	Finalsatz § 148
Z. 9	castra moveri iubet	„iubere" mit AcI VIDEO S. 30, Satz 1. § 119
Z. 11 f.	cum ... non dubitant	„cum inversivum" VIDEO S. 45. § 151
	cohortati	partivipium coniunctum VIDEO S. 31 ff. § 127
	ne ... dimitterent	abhängiger Wunsch/Begehrsatz VIDEO S. 55. § 145

Z. 12	non dubitant	„dubitare" mit folgendem AcI bedeutet immer „zögern"; mit anschließendem „ne" immer „zweifeln"
Z. 13	quae	relativischer Satzanschluss VIDEO S. 61. § 138
	ut ... eliceret	„ut explicativum" § 145 Anm.
	usus	gleichzeitig gebrauchtes participium coniunctum § 124 / § 127
	eadem simulatione	Objekt im Ablativ VIDEO S. 24. § 106
Z. 16 f.	ubi ... viderunt	Temporalsatz § 152
	quos fugere credebant	AcI (VIDEO S. 27 ff. § 116–119) im Attributsatz § 160
Z. 17	coniecti	participium coniunctum VIDEO S. 31 ff. § 127

Caesar, Text 2 (B.G. IV, 16)

Z. 1 f.	Germanico bello confecto	ablativus absolutus VIDEO S. 34 ff. § 128
	sibi Rhenum transeundum esse	Gerundivum (VIDEO S. 38 ff. / § 123) im AcI VIDEO S. 27 ff. § 116–119
Z. 2	quarum	relativischer Satzanschluss VIDEO S. 61. § 138
Z. 2 f.	quod ... voluit	konstatives „quod" VIDEO S. 53. § 142
Z. 2	cum videret	Kausalsatz VIDEO S. 46. § 155
Z. 2 f.	Germanos ... impelli	AcI VIDEO S. 27 ff. § 116–199
Z. 3	ut ... venirent	abhängiger Wunsch/Begehrsatz VIDEO S. 55. § 145
	eos timere voluit	AcI nach „velle" § 119.2.a

Z. 7	qui postularent	Relativsatz mit finalem Nebensinn VIDEO S. 59.
		finaler Attributsatz § 162
	ut ... dederent	abhängiger Wunsch/Begehrsatz VIDEO S. 55.
		§ 145
	qui ... intulissent	innerlich abhängiger Attributsatz § 139
Z. 7 ff.	responderunt:	nach dem Doppelpunkt folgt bis „postularet" eine Passage mit indirekter Rede.
		Die Regeln finden sich in § 163–165.
Z. 8 f.	si ... existimaret	Konditionalsatz (Irrealis) VIDEO S. 54.
		§ 157
Z. 9	sui imperii	genitivus materiae § 99
Z. 11	uni	adjektivisches Prädikativum § 77
Z. 12 f.	quod ... premerentur	innerlich abhängiger (§139) Kausalsatz § 155

Ubii ...,   **orabant *(HS)*,**
   qui ... miserant, ... dederant   ut ... ferret vel   transportaret
                                              quod ... premeretur, vel, si ... prohiberetur

---

Z. 14 f.	reliqui temporis	genitivus obiectivus VIDEO S. 19 f.
		§ 96
Z. 15	ad transportandum exercitum	Gerundivum VIDEO S. 38 ff.
		§ 123
Z. 18	arbitratur ... statuebat	man betrachte beide Prädikate im Deutschen als eins und übersetze: „aber er war der Meinung, mit Schiffen überzusetzen sei nicht sicher genug und entspreche weder ... noch ..."
	dignitatis esse	genitivus pertinentiae § 92

Z. 19	non traducendum exercitum	Gerundivum (VIDEO S. 38 ff. § 123) im AcI (VIDEO S. 27 ff.) § 116–119)

Caesar, Text 3 (B.G. I, 17, 1)

Z. 1 f.	magno proposito praemio	ablativus absolutus VIDEO S. 34 ff. § 128
Z. 2	qui ... petant atque orent	Relativsatz mit finalem Nebensinn VIDEO S. 59. finaler Attributsatz § 162
	ut ... subveniat	abhängiger Wunsch/Begehrsatz VIDEO S. 55. § 145
Z. 2 ff.	quod ... venturum	Passage mit indirekter Rede. Die Regeln finden sich VIDEO S. 65 ff. §§ 163–165.
Z. 2	quod	relativischer Satzanschluss VIDEO S. 61. § 138
Z. 3	nisi fecerit	Konditionalsatz (Realis) VIDEO S. 53 ff. indefiniter Konditionalsatz § 157
Z. 3	fecerit	ersetzter Konjunktiv Futur II § 141 Anm. 2
Z. 4	cohortatus	participium coniunctum VIDEO S. 31 ff. § 127
Z. 7 ff.	Sulmonenses ... cupere ... sed ... prohiberi	AcI VIDEO S. 27 ff. § 116 – 119
	quod oppidum ... abest	Einbeziehung des Bezugswortes in den Relativ-/Attributsatz VIDEO S. 60. § 160
Z. 8	quae vellet	innerlich abhängiger Attributsatz VIDEO S. 51, Anm. 2. § 139

| Z. 10 f. | simulatque … viderunt | Temporalsatz § 152 |
| Z. 12 | gratulantes | bei Caesar seltenes finales Partizip: „um ihn freundlich zu begrüßen" |

Caesar, Text 4 (B.G. V, 10–11, 7)

Z. 2	ut … persequerentur	Finalsatz VIDEO S. 55. § 148
	his progressis	ablativus absolutus VIDEO S. 34 ff. § 128
	itineris	genitivus partitivus VIDEO S. 20. § 98
Z. 2 f.	cum … essent	Temporalsatz VIDEO S. 46. § 151
Z. 3 f.	qui nuntiarent	Relativsatz mit finalem Nebensinn VIDEO S. 59. finaler Attributsatz § 162
	coorta tempestate	ablativus absolutus VIDEO S. 34 ff. § 128
	naves adflictas atque …	
Z. 5	eiectas esse	AcI VIDEO S. 27 ff. §§ 116–119
Z. 5 f.	quod neque … subsisterent	innerlich abhängiger Kausalsatz VIDEO S. 51, Anm. 2
	neque … possent	(§139) Kausalsatz VIDEO S. 52. § 155
Z. 8	revocari atque … resistere iubet	AcI nach „iubere" VIDEO S. 30, Satz 1. § 119.2b
Z. 10 f.	sic ut … viderentur	„ut explicativum" § 145 Anm.
Z. 12	reliquae … refici posse … viderentur	NcI VIDEO S. 30 f. § 120
Z. 12 f.	ut … instituat	abhängiger Wunsch/Begehrsatz VIDEO S. 55. § 145
	quam plurimas possit	„so viele wie möglich"
	quae sint	innerlich abhängiger Attributsatz

Z. 14	operae ac laboris	§ 139 genitivi qualitatis VIDEO S. 19.
Z. 16	temporibus intermissis	§ 93 ablativus absolutus VIDEO S. 34 ff.

Caesar, Text 5 (B.G. VII, 12–13)

		§ 128
Z. 1	ubi ... cognovit	Temporalsatz § 152
Z. 2.	positum	bei Caesar seltenes attributives Partizip, welches mit einem Attributsatz wiederzugeben ist.
Z. 3	quo	relativischer Satzanschluss VIDEO S. 61.
	cum ... venissent	§ 138 Temporalsatz cum historicum VIDEO S. 46.
	oratum	§ 151 Supinum I VIDEO S. 40 f.
Z. 3 f.	ut ... ignosceret.. -que ... consuleret	§ 121 abhängiger Wunsch/Begehrsatz VIDEO S. 55.
Z. 4	arma conferri, ... iubet	§ 145 AcI bei „iubere" VIDEO S. 30, Satz 1.
Z. 5	ut ... conficeret	§ 119.2b Finalsatz VIDEO S. 55.
Z. 5 f.	parte ... tradita	§ 148 ablativus absolutus VIDEO S. 34 ff.
Z. 7	qui ... conquirerent	§ 128 Relativsatz mit finalem Nebensinn VIDEO S. 59 f. finaler Attributsatz § 162

Parte ... tradita,	centurionibus ... intromissis,	**equitatus ... visus est, (HS)**
cum ... administrarentur,	qui ... conquirerent,	qui ... antecesserat.

Z. 8 f.	simulatque ... conspexerunt atque ... venerunt	Temporalsatz § 152

Z. 9	auxilii	genitivus obiectivus VIDEO S. 19 f.
		§ 96 b
Z. 10 f.	cum ... intellexissent	Kausalsatz VIDEO S. 46.
		§ 155
Z. 11	novi ... consilii	genitivus partitivus VIDEO S. 20.
		genitivus materiae § 99
Z. 12	incolumes	Prädikativum VIDEO S. 7 f.
		§ 77
Z. 13 f.	laborantibus	participium coniunctum VIDEO S. 31 ff.
		§ 127
Z. 14 f.	quos ... habere ... instituerat	relativische Satzverschränkung VIDEO S. 61.
		AcI im Relativsatz § 118
Z. 16	coniecti	participium coniunctum VIDEO S. 31 ff.
		§ 127
Z. 17	comprehensos	participium coniunctum VIDEO S. 31 ff.
		§ 127
Z. 17 f.	quorum opera plebem concitatam existimabant	relativische Satzverschränkung VIDEO S. 61.
		verschränkter Attributsatz § 160
		mit AcI § 118

Caesar, Text 6 (B.C. III, 97, 3 – 98, 3)

Z. 1	qua	relativischer Satzanschluss VIDEO S. 61.
		§ 138
	re animadversa	ablativus absolutus VIDEO S. 34 ff.
		§ 128
Z. 1 f.	iussit ... partem ... remanere	AcI bei „iubere" § 119
Z. 3	progressus	participium coniunctum VIDEO S. 31 ff.
		§ 127
Z. 5 f.	etsi ... erant confecti	Konzessivsatz VIDEO S. 48.
	-que ... suberat	§ 156

84

Z. 7	ne ... possent	Finalsatz VIDEO S. 49.
		§ 148
Z. 8	missis legatis	ablativus absolutus VIDEO S. 34 ff.
		§ 128; Übersetzung am besten bei-
		ordnend:
		„schickten Gesandte ... began-
		nen ... "
Z. 11 f.	ubi ... fecerunt -que ... petiverunt	Temporalsatz § 152
Z. 13 f.	quo ... essent	Finalsatz § 148.2
	minore timore	ablativus qualitatis VIDEO S. 26.
		§ 104
Z. 14	ne qui	ne aliquis § 23 / abhängiger
		Wunsch-/Begehrsatz VIDEO
		S. 49.
		§ 145
Z. 15	neu quid	neve aliquid § 23 / der Begehrsatz
		wird weitergeführt
	sui	genitivus partitivus VIDEO S. 20.
		§ 98

... ubi ... fecerunt ... -que proiecti ... flentes petiverunt
  consolatus ... iussit et ... locutus, conservavit ... -que commendavit *(HS)*,
           quo ... essent   ne qui violaretur
                                           neu quid ... desiderarent.

Caesar, Text 7 (B.G. VII, 62)

Z. 2	cohortatus	participium coniunctum VIDEO
		S. 31 ff.
		§ 127
Z. 2 f.	ut retinerent atque existimarent	abhängiger Wunsch-/Begehrsatz
	virtutis et ... proeliorum	VIDEO S. 49.
		§ 145
		genitivi obiectivi VIDEO S. 19 f.
		§ 96

Z. 3 f.	Caesarem ... adesse	AcI VIDEO S. 27 ff.
		§ 116–119
	cuius ... superassent	innerlich abhängiger Attributsatz VIDEO S. 51, Anm. 2.
		§ 139

```
┌─────────────────────────────────────────────────────────────────────┐
│ Labienus ... cohortatus                          dat signum proelii (HS)│
│           ut ... retinerent atque         existimarent,                 │
│                        Caesarem ... adesse                              │
│                           cuius ... superassent,                        │
└─────────────────────────────────────────────────────────────────────┘
```

Z. 4	proelii	genitivus obiectivus VIDEO S. 19 ff.
		§ 96
Z. 5	ubi ... constiterat	Attributsatz § 160 mit „ubi" als Relativadverb
Z. 6	quem locum ... tenebat	Relativ/Attributsatz mit hineingezogenem Beziehungswort VIDEO S. 60.
		§ 160
Z. 6 f.	cum ... concidissent	Temporalsatz VIDEO S. 46.
		§ 151
	transfixi	participium coniunctum VIDEO S. 31 ff.
		§ 127
Z. 10	quae ... gererentur	indirekter/abhängiger Fragesatz § 143
Z. 16	fugientibus	participium coniunctum VIDEO S. 31 ff.
		§ 127
Z. 17	hoc negotio confecto	ablativus absolutus VIDEO S. 34 ff.
		§ 128

Caesar, Text 8 (B.G. III, 7 ff.)

Z. 1 f.	cum ... existimaret atque ... profectus esset:	Doppelbedeutung von „cum" als Kausalsatz VIDEO S. 46/§ 155 und Temporalsatz VIDEO S. 46/§ 151, Übers.: „Weil er glaubte und als er deshalb aufgebrochen war,"
Z. 3	adducti	participium coniunctum VIDEO S. 31 ff. § 127
Z. 3 f.	omnes ... laturos (esse)	AcI VIDEO S. 27 ff. § 116–119 – abhängig von „coniurant"
Z. 4 f.	ut ... malint	abhängiger Wunsch-/Begehrsatz VIDEO S. 55. § 145
	quam acceperint	innerlich abhängiger Attributsatz § 139

```
... adducti inter se coniurant            -que ... sollicitant (HS),
            ... omnes ... laturos (esse)              ut ... libertate,          ... malint.
                                                        quam ... acceperint,
```

Z. 6	initis consiliis	ablativus absolutus VIDEO S. 34 ff. § 128
Z. 7	ubi ... constabat	Attributsatz mit „ubi" als Relativadverb § 160
Z. 7	Caesarem ... gesturum (esse)	relativische Satzverschränkung VIDEO S. 61. AcI im Attributsatz § 118
	quam plurimas	„möglichst viele"
Z. 8	belli gerendi	Gerundivum VIDEO S. 38 ff. § 123
Z. 10	priusquam ... conspirarent	finaler Temporalsatz VIDEO S. 350 ff. § 153

Z. 10 f.	partiendum sibi ac ... distribuendum (esse)	Gerundivum VIDEO S. 38 ff. § 123 im AcI VIDEO S. 27 ff./ § 116–119
Z. 13	qui ... arcessiti (esse) dicebantur	NcI VIDEO S. 30 f. § 120
Z. 13 f.	si ... conentur	Konditionalsatz VIDEO S. 54. § 157
Z. 14 f.	P.Crassum ... proficisci ... iubet	AcI bei „iubere" § 119
Z. 15 f.	ne ... mittantur	Finalsatz VIDEO S. 49. § 148
Z. 17	qui ... curet	Relativsatz mit finalem Nebensinn VIDEO S. 59. finaler Attributsatz § 162
	manum distinendam curet	„curare" mit Gerundivum im AcI dafür sorgen, dass etwas geschehe

Besonderheiten der Sprache Sallusts

1. Lautlehre
- u statt i vor b, f, p, m: maxumus = maximus

                          existumare = existimare

                          lubido = libido
- o statt e: transvorsus = transversus

            revorti = reverti

            vostra = vestra
- u statt e (bei -nd-Formen): emundi = emendi

                                largiundo = largiendo

                                  cupiunda = cupienda

2. Formenlehre

Nom. Sg. der Adjektive der o-Dekl. kann auf -os enden : strenuos = strenuus

Gen. Sg. der o-Dekl. endet auf -i statt -ii : imperi = imperii

Dat. Sg. der u-Dekl. endet auf -u statt -ui : luxu = luxui

Akk. Sg. der o-Dekl. kann auf -om statt -um lauten : biduom = biduum

Akk. Pl. der gemischten Gruppe der 3. Dekl. endet auf -is statt -es :

omnis = omnes; artis = artes; florentis = florentes

Abl. Sg. der Partizipien Präsens endet auf -i statt -e, wenn sie attributiv verwendet werden : volenti animo – bereitwillig.

Die 3. Pers. Pl. Ind. Perf. Akt. endet meist auf -ere statt -erunt: fuere = fuerunt

Besonderheiten der Konjunktionen und Pronomina:

Das Relativpronomen kann im Gen. und Dat. Sg. quoius = cuius und quoi = cui lauten.

Ähnliches gilt für die Konjunktion cum = quom. Der Dat. und Abl. Pl. des Rel.pr. kann quis statt quibus lauten. Possessiv- und Personalpronomina werden häufig durch angehängtes -met verstärkt: memet; semet; suamet usw.

3. Syntax
- Nach griech. Vorbild kann der Genitiv eines Substantivs mit dem substantivierten Neutrum eines Adjektivs verbunden werden: extremum diei – das Ende des Tages.
- Öfter als bei Caesar begegnet der nominale Abl. abs.: exacta sua aetate et parvis liberis – da sein Leben zuende ging und seine Kinder noch klein waren.
- Das Gerundium im Ablativ kann ein prädikatives PPA (als pc) zum Ausdruck eines instr./ modalen Verhältnisses ersetzen: sperat vel ostentando virtutem

(= ostentantem virtutem) vel hostium saevitia eum occasurum – er hoffte, dass er entweder, wenn er Tapferkeit zeige/ durch das Zeigen von Tapferkeit, oder durch die Wildheit der Feinde ums Leben kommen werde.

- Sallust bevorzugt die syntaktische Variation statt des Parallelismus (vgl. auch voriges Beispiel) : alii – pars; partim – alii o.ä.
- Nach Verben des Aufforderns kann statt eines abh. Begehrsatzes ein Infinitiv stehen: plura de Iugurtha scribere dehortatur me fortuna mea – mehr über Iugurtha zu schreiben, (davon) rät mir mein Schicksal ab.
- Häufiger als andere verwendet Sallust den historischen Infinitiv in gedrängten Schilderungen, auch in Nebensätzen.

Sallust, Text 1 (Iug. 10, 1–7)

Z. 1	parvom	Prädikativum zu te VIDEO S. 7 f. §77
	amisso patre	ablativus absolutus VIDEO S. 34 ff. § 128
Z. 2	existumans	participium coniunctum VIDEO S. 31 ff. § 127
	me ... carum fore	AcI VIDEO S. 27 ff. §§ 116–119; fore = futurum esse
	si ... genuissem	wörtl.: „als ob ich dich selbst gezeugt hätte"; irrealer Konditionalsatz VIDEO S. 54. §157.3
Z. 3 f.	ut ... omittam	Finalsatz VIDEO S. 55. § 148
	rediens	participium coniunctum § 127
Z. 5	amicissumos	Prädikatsnomen VIDEO S. 5. § 81
Z. 6	quod ... est	Relativsatz/Attributsatz VIDEO S. 58 ff. (§ 160), der sich auf den gesamten übergeordneten Satz bezieht.
Z. 8	quoniam	Kausalsatz VIDEO S. 51. § 155

Z. 9 f.	uti = ut ... habeas neu malis	abhängiger Wunsch-/Begehrsatz VIDEO S. 55. § 145.1
	neu = neve	führt den Begehrsatz verneint weiter
Z. 10	coniunctos	substantiviertes Partizip
Z. 13	fidum	Prädikativum VIDEO S. 7 f. § 75
	invenies, si ... fueris	Kondizionalsatz (Realis)/indefinites Konditionalgefüge VIDEO S. 53 ff. § 157
Z. 16 f.	ne ... eveniat	abhängiger Wunsch-/Begehrsatz VIDEO S. 49. § 145.2
	ne ... quid	ne aliquid § 23

Sallust, Text 2 (Iug. 23)

Z. 1	ubi ... ratus est neque ... poterit	Temporalsatz § 152
	eos ... decessisse	AcI VIDEO S. 27 ff. § 116–119
Z. 3 ff.	temptare, ostentare, adrigere, parare	historische Infinitive § 130A
Z. 4	hortando	Gerundium VIDEO S. 37 f. § 122
Z. 5	ubi intellegit	Temporalsatz § 152 / hier, abweichend von der Regel, mit Präsens
Z. 6	fortunas ... sitas, hostem infestum (esse)	AcI VIDEO S. 27 ff. § 116–119; zugleich adversatives Asyndeton „der Feind hingegen"
Z. 9	uti (ut) ... pergerent	abhängiger Wunsch-/Begehrsatz VIDEO S. 55. § 145
Z. 10	iussa	substantiviertes Partizip = „die Anordnungen"
Z. 10	recitatae	erg. „sunt"

Z. 12	oratum	Supinum VIDEO S. 40 f.
		I § 121
Z. 13	extinguendi	Gerundium VIDEO S. 37 ff.
		§ 122
Z. 13 f.	ut ... habeat, ... malit	Konsekutivsatz VIDEO S. 55 ff.
		§ 149
Z. 15	obsessus	participium coniunctum VIDEO S. 31 ff.
		§ 127
Z. 16	ferro an fame urgear	indirekter/abhängiger Fragesatz VIDEO S. 57 f.
		§143

Sallust, Text 3 (Cat. 58, 1–10)

Z. 1	compertum ... habeo	Partizip Perfekt Passiv bei „habere" zur Hervorhebung des dauernden Zustandes = wörtl.: „ich halte als Erfahrenes" = „ich weiß genau"
Z. 1	verba ... non addere	AcI VIDEO S. 27 ff.
		§ 166–119
Z. 1 f.	strenuom neque fortem ... fieri exercitum	Prädikatsnomina VIDEO S. 5.
		§ 75 Fußnote
Z. 2 f.	quanta ... audacia ... inest	Attributsatz § 160 / quantus = Relativattribut
Z. 5 f.	quo ... monerem	Finalsatz § 148.2
	uti (ut) ... aperirem	Finalsatz VIDEO S. 55.
		§ 148
	consili	genitivus obiectivus VIDEO S. 19.
		§ 96
Z. 7 f.	quantam ... cladem ... adtulerit	indirekter/abhängiger Fragesatz VIDEO S. 57 f.
		§ 143, Anm. 1.
Z. 8 f.	quoque modo ... nequiverim	indirekter/abhängiger Fragesatz VIDEO S. 57 f.
		§ 143
	dum ... opperior	Temporalsatz VIDEO S. 47.
		§ 154

Z. 10 f.	diutius in his locis esse, prohibet	Infinitiv wie im Deutschen
	si (etsi) ... ferat	Konzessivsatz VIDEO S. 48.
		§ 156
	frumenti atque aliarum rerum	genitivus partitivus VIDEO S. 20.
		genitivus materiae § 99
Z. 11 f.	quocumque ire placet	verallgemeinernder Attributsatz
		§ 162
	aperiundum est	Gerundivum VIDEO S. 38 ff.
		§ 123
Z. 12 f.	uti (ut) ... sitis et ... memineritis	abhängiger Wunsch-/Begehrsatz
		VIDEO S. 55.
		§ 145
	forti atque parato animo	ablativus qualitatis VIDEO S. 26.
		§ 104
	cum ... inhibitis	Temporalsatz VIDEO S. 45.
		cum temporale § 151
Z. 13	vos ... portare	AcI § 116–119
Z. 14	si vincimus	Konditionalsatz (Realis) VIDEO
		S. 53 ff.
		indefiniter Konditionalsatz § 157

Sallust, Text 4 (Iug. 14, 1–6)

Z. 1	moriens	participium coniunctum VIDEO
		S. 31 ff.
		§ 127
Z. 1 f.	uti (ut) ... existumarem	abhängiger Wunsch-/Begehrsatz
		VIDEO S. 55.
		§ 145
	meam	Prädikatsnomen im Akkusativ
		§ 81
Z. 2 f.	ius et imperium ... esse	AcI VIDEO S. 27 ff.
		§ 116–119 / noch abhängig von
		praecepit
	eniterer	Aufforderungssatz in der indirek-
		ten Rede VIDEO S. 65 f.
		§163–165
	quam maxumo usui	dativus finalis VIDEO S. 22 ff.
		§ 87
	„quam" mit Superlativ	„möglichst"

Z. 4 f.	si ... fecissem, ... me habiturum	indefinites Konditionalgefüge § 157 innerhalb der indirekten Rede VIDEO S. 65 f. § 163–165
	„fecissem"	Ersatz für den fehlenden Konj. Fut.II § 141 Anm. 3.
Z. 5	quae	relativischer Satzanschluss VIDEO S. 61. § 138
Z. 5 f.	cum ... agitarem	Adversativsatz VIDEO S. 47. § 156
Z. 7	contempto imperio	ablativus absolutus VIDEO S. 34 ff. § 128
Z. 8 f.	quoniam ... est	Kausalsatz VIDEO S. 51. § 155
Z. 9 f.	quibus ... cogor ... esse	NcI VIDEO S. 30 f. § 120 im Attributsatz
Z. 13	quo tempore	das Bezugswort (tempore) ist in den Attributsatz hineingezogen § 160
	petunda erat	Gerundivum VIDEO S. 38 ff. § 123
Z. 14	nolite pati	Prohibitiv VIDEO S. 15 ff. § 133.2.
Z. 15	erat maiestatis	genitivus possessivus VIDEO S. 19. pertinentiae § 92
Z. 15 f.	prohibere ... neque pati	Infinitiv als Subjekt VIDEO S. 27. § 115
	regnum ... crescere	AcI VIDEO S. 27 ff. § 116–119 abhängig von „pati"

Sallust, Text 5 (Cat. 46–47, 1)

Z. 1	quibus	relativischer Satzanschluss VIDEO S. 61. § 138
	rebus confectis	ablativus absolutus VIDEO S. 34 ff. § 128
Z. 2	intellegens	participium coniunctum VIDEO S. 31 ff. § 127
Z. 2 f.	coniuratione patefacta	ablativus absolutus VIDEO S. 27 ff. § 128
	civitatem ... ereptam esse	AcI VIDEO S. 57 f. § 116–119
Z. 4	quid ... opus esset	indirekter/abhängiger Fragesatz VIDEO S. 57 f. § 143
Z. 5	oneri	dativus finalis VIDEO S. 22. § 87
	perdundae rei publicae	Gerundivum VIDEO S. 38 ff. § 123
	fore	= futuram esse
Z. 6	vocari ... iubet Lentulum, ...	AcI bei „iubere" § 119.2b.
Z. 8	egressus	participium coniunctum VIDEO S. 31 ff. § 127
Z. 9	quod ... erat	Kausalsatz VIDEO S. 52. § 155
Z. 11	magna frequentia	ablativus modi VIDEO S. 26. § 104
Z. 13	interrogatus	participium coniunctum VIDEO S. 31 ff. § 127
Z. 13 f.	quid aut qua de causa ... habuisset	indirekter Fragesatz VIDEO S. 57 f. § 143
Z. 14	fingere ... , dissimulare	historische Infinitive § 130A

Z. 14 f.	post ubi … iussus est	Temporalsatz § 152
	uti (ut) gesta erant	Komparativsatz VIDEO S. 54.
		§ 158
Z. 16	socium	Prädikatsnomen VIDEO S. 5.
		§ 68 / § 81

Livius, Text 1 (XXVII. 29.1)

Z. 1	postquam ... sensit	Temporalsatz VIDEO S. 49 f. § 152
	Hannibalem profectum (esse)	AcI VIDEO S. 27 ff. § 116–119
Z. 2	M. Marcellum ... ducere iussit	AcI bei „iubere" VIDEO S. 30, Satz 1. § 119.2b.
Z. 3	profectus	participium coniunctum VIDEO S. 31 ff. § 127
Z. 4	patiens	participium coniunctum VIDEO S. 31 ff. § 127
Z. 4 f.	quantoque ... esset	indirekter/abhängiger Fragesatz VIDEO S. 57 f. § 143
	se ... non posse	Beginn der indirekten Rede; Regeln VIDEO S. 65 f. §163–165.
Z. 5 f.	quia ...videretur et sollicitus esset	Kausalsatz VIDEO S. 51. § 155
	pati posse videretur	NcI VIDEO S. 30 f. § 120
Z. 6 f.	sollicitus esset, ne ... converteret	abhängiger Wunsch-/Begehrsatz VIDEO S. 49. § 146
Z. 7	legatos ... mitti	AcI VIDEO S. 27 ff. § 116–119 abhängig von „opus esse"
Z. 8	recitatae	participium coniunctum VIDEO S. 31 ff. § 127
Z. 11	iussi	erg. „sunt" = NcI VIDEO S. 30 f. § 120; erneuter Beginn der indirek- ten Rede

Z. 11 f.	ut ... diceret	abhängiger Wunsch-/Begehrsatz VIDEO S.55. § 145
	si ... posset	Konditionalsatz VIDEO S.53 f. § 157
Z. 13	placere	„man beschließe"
Z. 12 f.	Q. Claudium ... ducere	AcI VIDEO S.27ff. § 116–119 abhängig von „placere"
Z. 15 f.	dictatore ... dicto T. Manlio Torquato	ablativus absolutus VIDEO S.34ff. § 128
Z. 15	dictatore	Prädikatsnomen VIDEO S.5. § 68 / § 81
	comitiorum faciendorum	Gerundivum VIDEO S.38ff. § 123
Z. 17	quod ... acciderat	Relativ-/Attributsatz VIDEO S.58ff. § 160, der sich auf den gesamten übergeordneten Satz bezieht.
	memorando proelio	Gerundivum VIDEO S.38ff. § 122
	orbam	Prädikativum VIDEO S.7 f. § 77

Livius, Text 2 (XXX. 20.1)

Z. 1	frendens, gemensque ... temperans	participia coniuncta VIDEO S.31 ff. § 127
	dicitur ... audisse	NcI VIDEO S.30 f. 120
Z. 2	postquam audita sunt	Temporalsatz VIDEO S.49 f. § 152
Z. 3	vetando	Gerundium VIDEO S.37 f. § 122
	supplementum et pecuniam mitti	AcI VIDEO S.27 ff. § 116–119 abhängig von „vetando"

Z. 4	caesus fugatusque	participia coniuncta VIDEO S. 31 ff. § 127
Z. 6 f.	quia ... non potuit	Kausalsatz VIDEO S. 51. § 155
Z. 8	inutili ... turba ... dimissa (Z. 9)	ablativus absolutus VIDEO S. 34 ff. § 128
Z. 9 f.	quod ... erat	Relativ-/Attributsatz VIDEO S. 58 ff. § 160, dient als Objekt zu „transvexit"
	roboris	genitivus partitivus VIDEO S. 20. genitivus materiae § 99
Z. 11	ferunt	leitet eine indirekte Rede ein, die bis zum Ende des Textes geht: Regeln: VIDEO S. 65 f. § 163–165.
	relinquentem	participium coniunctum VIDEO S. 31 ff. § 127, welches sich auf „quemquam alium" bezieht.
Z. 12	excedentem	bezieht sich auf „Hannibalcm"
	respexisse	erg. „eum" = Hannibalem
Z. 12 f.	accusantem ... ac ... exsecratum	participia coniuncta VIDEO S. 31 ff. § 127, die sich auf das zu ergänzende „eum" beziehen
Z. 13 f.	quod ... duxisset	Kausalsatz VIDEO S. 52. § 155
Z. 14	ausum	erg. „esse" § 116 Anm. 1.
Z. 15 f.	centum milibus ... caesis	ablativus absolutus VIDEO S. 34 ff. § 128

Livius, Text 3 (XXIII. 33. 1)

Z. 2 f.	ubi primum ... accepit	Temporalsatz § 152
	Hannibalem ... transgressum (esse)	AcI VIDEO S. 27 ff. § 166–119 / 116 Anm. 1.

Z. 3 f.	bello ... orto	ablativus absolutus VIDEO S. 34 ff. § 128
Z. 4	utrius populi mallet victoriam esse	indirekter/abhängiger Fragesatz VIDEO S. 57 f. § 143 v AcI VIDEO S. 27 ff. § 116–119
	utrius populi	genitivus possessivus VIDEO S. 19 genitivus pertinentiae § 92
Z. 4 f.	incertis ... viribus	nominaler ablativus absolutus VIDEO S. 36 § 128b
Z. 6	qui	relativischer Satzanschluss VIDEO S. 61. § 138
Z. 6 f.	vitantes	participium coniunctum VIDEO S. 31 ff. § 127
Z. 7 f.	quia ... tenebantur	Kausalsatz VIDEO S. 51. § 155
Z. 9	deducti	erg. „sunt"
Z. 10	habentem	participium coniunctum VIDEO S. 31 ff. § 127
Z. 11	se missum	AcI VIDEO S. 27 ff. § 116–119
Z. 11 f.	ad amicitiam societatemque iungendam	Gerundivum VIDEO S. 38 ff. § 123
Z. 12	habere	erg. „se"; der AcI ist noch abhängig von „ait" (Z. 13)
Z. 14	laetus	Prädikativum VIDEO S. 7 f. § 77
Z. 14 f.	qui prosequantur demonstrent	finaler Attributsatz § 162, dient als Objekt zu „dat"
Z. 15 f.	quae ... teneant	indirekter/abhängiger Fragesatz VIDEO S. 57 f. § 143
Z. 17 f.	lege hac, ut ... traiceret	„mit der Abmachung, dass ... "

Livius, Text 4 (XXXI. 10. 1)

Z. 1	animis … versis	ablativus absolutus VIDEO S. 34 ff. § 128
	tumultus	genitivus obiectivus VIDEO S. 20. § 96
Z. 2	exorta	erg. „est"
	Hamilcare Poene duce	nominaler ablativus absolutus VIDEO S. 38. § 128b.
Z. 3 ff.	direpta urbe ac … incensa / duobus milibus relictis, traiecto	ablativi absoluti VIDEO S. 34 ff. § 128
	Pado hominum	genitivus materiae § 99
	ad Cremonam	Gerundivum VIDEO S. 38 ff.
	diripiendam	§ 123
	audita	participium coniunctum VIDEO S. 31 ff. § 127
Z. 10 ff.	quo … esset	indirekter/abhängiger Fragesatz VIDEO S. 57 f. § 143 nach dem Doppelpunkt hinter „esset" folgt indirekte Rede (Regeln VIDEO S. 65 f. § 163–165).
Z. 11	alteram captam ac direptam (esse)	AcI VIDEO S. 27 ff. § 116–119
Z. 12	praesidii	genitivus partitivus VIDEO S. 19.
	laborantibus	genitivus materiae § 99 participium coniunctum VIDEO S. 31 ff. § 127; hier attributiv gebraucht
	fore	= „futurum esse"
	nisi … velit	Konditionalsatz VIDEO S. 53 f. § 157
Z. 13	trucidanda	Gerundivum VIDEO S. 38 ff. § 123

Z. 14	inflatos	participium coniunctum VIDEO S. 31 ff. § 127, bezieht sich auf „animos"
Z. 16 f.	ut ... proficisceretur	abhängiger Wunsch-/Begehrsatz VIDEO S. 55. § 145

Livius, Text 5 (XXII. 39. 1)

Z. 1 f.	civium ac sociorum	Genitiv bei ergänzungsbedürftigen Adjektiven VIDEO S. 20. § 91
	fidei	genitivus obiectivus VIDEO S. 19 f. § 96
Z. 3 f.	meliores, prudentiores,	Prädikatsnomina VIDEO S. 5 ff. § 81
	constantiores	
Z. 6	sui	genitivus partitivus VIDEO S. 19. genitivus materiae § 99
Z. 7 f.	absumpti	erg. „sunt"
Z. 8 f.	quin ... superaturi simus	Objektsatz nach „dubitare" § 144 Tempusgebung § 141
	qui senescat	Relativsatz mit kausalem Nebensinn VIDEO S. 39. kausaler Attributsatz § 162.3.
Z. 10	pro Gereonii	erg. „moenibus"
Z. 10 f.	tamquam ... sedet	Komparativsatz VIDEO S. 57. § 158
Z. 12	salutis	genitivus obiectivus VIDEO S. 19 f. § 96
	infestam	Prädikatsnomen VIDEO S. 5. § 81
Z. 13 f.	quod ... volent / quod ... cupiet	beide Prädikate der Relativ-/Attributsätze (VIDEO S. 58 ff. § 160) dienen ebenso als Prädikate der übergeordneten Sätze

Z. 14 f.	oportet resistas	oportet steht normalerweise mit dem AcI § 119.3., kann aber auch mit dem bloßen Konjunktiv stehen
Z. 15 f.	resistes, ... si ... steteris, si ... moverit	Realis VIDEO S. 53. indefiniter Konditionalsatz § 157

Seneca, Text 1 (ep. 104, 13–18)

Z. 4	mirantem	participium coniunctum VIDEO S. 31 ff. §123
Z. 6	quo ... est	Relativsatz VIDEO S. 58 f. Attributsatz § 160
Z. 6 f.	mobiliorem ... istam leviorem ... istam	doppelte Akkusative VIDEO S. 23. § 81
Z. 7 f.	quae ... peti(v)erant	Relativsatz VIDEO S. 58 f. Attributsatz § 160
Z. 9	quam venerant	Komparativsatz VIDEO S. 57.
Z. 10	neque meliorem faciet neque saniorem	„te" ist zu ergänzen
Z. 10	(te) meliorem (te) saniorem	doppelte Akkusative VIDEO S. 23. § 81
Z. 11	versandum est	Gerundivum VIDEO S. 38 ff. § 123; „nobis" ist zu ergänzen
Z. 11 f.	ut ... discamus, ... quaeramus	Finalsatz VIDEO S. 55. § 148
Z. 12	eximendus est	Gerundivum VIDEO S. 38 ff. § 123
Z. 13	quamdiu ... nescieris	Temporalsatz mit „quamdiu" = „solange" wie „dum" VIDEO S. 47 f. § 154
Z. 13	nescieris	Futur II VIDEO S. 44. § 140
Z. 14 f.	quid ... sit	indirekter/abhängiger Fragesatz VIDEO S. 57 f. § 143
Z. 14	fugiendum	Gerundiva VIDEO S. 38 ff.
Z. 14	petendum	
Z. 17	utinam sequerentur	unerfüllbarer Wunsch VIDEO S. 14. § 134.2

Z.17	abessent	Irrealis der Gegenwart VIDEO S. 54.
		§ 132 Anm.
Z. 19	quaerenda est	Gerundivum VIDEO S. 38 ff.
		§ 123
Z. 18 f.	aegro	dativus auctoris VIDEO S. 40.
		§ 123
Z.19 f.	animum … posse	AcI VIDEO S. 27 ff.
		§§ 116–119, abhängig von credis
Z. 20	sanari	Infinitivobjekt zu posse VIDEO S. 27

Seneca, Text 2 (ep. 28, 1–6)

Z. 1 f.	quod … discussisti	Objektsatz VIDEO S. 52, 64.
		§ 142, § 159
Z. 2	hoc … accidisse	AcI VIDEO S. 27 ff.
		§§ 116–119, abhängig von putas
Z. 3	licet … traieceris	licet + Konj. Perfekt:
		wenn auch, mag auch
Z. 3 f.	quocumque perveneris	verallgemeinernder Relativsatz
		§ 161
Z. 4	perveneris	Futur II VIDEO S. 44.
		§ 140
Z. 5	quare … adiuvet	indirekter/abhängiger Fragesatz
		VIDEO S. 57 .f
		§ 143
Z. 6	deponendum est	Gerundivum VIDEO S. 38 ff.
		§ 123
Z. 6 f.	ut excutias	Finalsatz VIDEO S. 55.
		§ 148
Z. 7	insidens	participium coniunctum
		VIDEO S. 31 ff.
		§ 127
Z. 7	quod … fit	Relativsatz VIDEO S. 58 f.
		Attributsatz § 160
Z. 8	quidquid facis	verallgemeinernder Relativsatz
		§ 161

Z. 8	cum … exemeris	Temporalsatz VIDEO S. 45. § 151
Z. 8	exemeris	Futur II VIDEO S. 44. § 140
Z. 9	licebit … expellaris	licet + Konj. Präsens wenn auch, mag auch
Z. 10	quis veneris	indirekte/abhängige Fragesätze
Z. 10	quo veneris	VIDEO S. 57 f. § 143
Z. 10	quis	Prädikativum „als welcher Mensch"
Z. 11	vivendum est	Gerundivum VIDEO S. 38 f. § 123
Z. 12	quod	relativischer Anschluss VIDEO S. 61. § 138
Z. 12	si liqueret	Konditionalsatz (Irrealis) VIDEO S. 54. § 157.3
Z. 13	adiuvari te	AcI VIDEO S. 27 f. §§ 116–119, abhängig von admirareris
Z. 13 f.	in quas … migras	Relativsatz VIDEO S. 58 f. Attributsatz § 160
Z.14	si … crederes	Konditionalsatz (Irrealis) VIDEO S. 54. § 157.3
Z. 15 f.	cum … positum sit	Konzessivsatz VIDEO S. 46. § 156.
Z. 15	quod quaeris	Relativsatz VIDEO S. 58 f. Attributsatz § 160

Seneca, Text 3 (ep. 15, 1–3)

Z. 3	recte nos dicimus	recte: Adverb des Urteil, das nicht die Umstände der Handlung, sondern das Urteil des Sprechenden über diese Handlung bezeichnet: „wir tun recht daran zu sagen"

Z. 3	si philosopharis	Konditionalsatz (Realis) VIDEO S. 53.
		indefiniter Konditionalsatz § 157
Z. 4	si ... habet	Konditionalsatz (Realis) VIDEO S. 53.
		indefiniter Konditionalsatz § 157
Z. 6	quae ... constabit	Relativsatz VIDEO S. 58 f.
		Attributsatz § 160
Z. 6	si volueris	Konditionalsatz (Realis) VIDEO S. 53
		indefiniter Konditionalsatz § 157
Z. 6	volueris	Futur II VIDEO S. 44.
		§ 140
Z. 7	exercendi	Gerundia VIDEO S. 37 f.
Z. 8	dilatandi	§ 122
Z. 8	firmandi	
Z. 8 f.	cum ... cesserit et ... creverint	Temporalsatz VIDEO S. 45.
		§ 151
Z. 8	cesserit	Futura II Video S. 44.
Z. 9	creverint	§ 140
Z. 10	quod ... eliditur et ... est	Aussagesatz VIDEO S. 53.
Z. 12	(eos) deditos	participium coniunctum VIDEO S. 31 ff.
		§ 127
Z. 12 f.	quarum ... exhaurit et ... reddit	Relativsatz VIDEO S. 58 f.
		Attributsatz §. 160
Z. 13	spiritum inhabilem	doppelter Akkusativ VIDEO S. 23.
		§ 81
Z. 15	mancipia ... recepta	participium coniunctum VIDEO S. 31 ff.
		§ 127
Z. 15 f.	homines ... occupati	participium coniunctum VIDEO S. 31 ff.
		§ 127
Z. 16	quibus ... actus est	Relativsatz VIDEO S. 58 f.
		Attributsatz § 160
Z. 16	si ... desudaverunt	Konditionalsätze (Realis) VIDEO S.53
Z. 16 f.	si ... regesserunt	indefinite Konditionalsätze § 157

Z. 17	quod effluxit	Relativsatz VIDEO S. 58 f. Attributsatz § 160
Z. 17	potionis	genitivus partitivus VIDEO S. 20. genetivus materiae § 99

Seneca, Text 4 (ep. 50, 2–4)

Z. 1	postquam miseras	Temporalsatz VIDEO S. 49 f. § 152
Z. 1 f.	supervacuum … putavi … quaerere	supervacuum und quaerere haben die Funktion eines doppelten Akkusatives VIDEO S. 23. § 81
Z. 2	qui adferebat	Relativsatz VIDEO S. 58 f. Attributsatz § 160
Z. 2	quid ageres	indirekter/abhängiger Fragesatz VIDEO S. 57 f. § 143
Z. 2	bonae memoriae	genitivus qualitatis VIDEO S. 19. § 93
Z. 3	te … vivere	AcI VIDEO S. 27 ff. §§ 116–119, abhängig von spero
Z. 3	ut … sciam	Konsekutivsatz VIDEO S. 55. § 149
Z. 3	ubicumque eris	verallgemeinernder Relativsatz § 161
Z. 3 f.	quid agas	indirekter/abhängiger Fragesatz VIDEO S. 57 f. § 143
Z. 4	quam	als
Z. 4	ut. . facias	Aussagesätze VIDEO S. 56.
Z. 4 f.	ut … ponas	§145.2
Z. 5	ut intellegas	
Z. 5	tua vitia esse	AcI VIDEO S. 27 ff. §§ 116-119, abhängig von intellegas
Z. 5	quae (vitia)	doppelter Akkusativ VIDEO S. 23. § 81

Z. 7	se caecam esse	AcI VIDEO S. 27 ff.
		§§ 116-119, abhängig von nescit
Z. 7	domum tenebricosam esse	AcI VIDEO S. 27 ff.
		§§ 116-119, abhängig von ait
Z. 7 f.	hoc .. accidere	AcI VIDEO S. 27 ff.
		§§ 116-119, abhängig von liqueat
Z. 7 f.	quod ... ridemus	Relativsatz VIDEO S. 58 f.
		Attributsatz § 160
Z. 8	liqueat	jussiver Konjunktiv VIDEO S. 13.
		§ 133
Z. 8	se avarum esse	AcIs VIDEO S. 27 ff.
Z. 9	(se) cupidum (esse)	§§ 116-119, abhängig von intellegit
Z. 11 f.	quod ... sum	Aussagesätze VIDEO S. 53.
Z. 12	quod ... constitui	§§ 142
Z. 13	in visceribus ipsis	in den Eingeweiden selbst = „tief im Innersten"
Z. 14	quia ... nescimus	Kausalsatz VIDEO S. 51.
		§§ 155
Z. 14	nos aegrotare	AcI VIDEO S. 27 ff.
		§§ 116-119, abhängig von nescimus
Z. 14 f.	si ... coeperimus	Konditionalsatz (Realis) VIDEO S. 53.
		indefiniter Konditionalsatz § 157.1
Z. 15	coeperimus	Futur II VIDEO S. 44.
		§ 140
Z. 16	qui ... haberet	Relativsatz VIDEO S. 58 f.
		Attributsatz § 160
Z. 16	haberet	Irrealis der Gegenwart VIDEO S. 14.
		§ 132 Anm.
Z. 16	negotii	genitivus partitivus VIDEO S. 20.
		genetivus materiae § 99
Z. 16	si adhiberetur	Konditionalsatz (Irrealis) VIDEO S. 54.
		§ 157. 3

Seneca, Text 5 (ep. 47, 1–5)

Z. 1	qui ... veniunt	Relativsatz VIDEO S. 58 f.
		Attributsatz § 160
Z. 1	te ... vivere	AcI VIDEO S. 27 ff.
		§§ 116–119, abhängig von cognovi
Z. 4	si cogitaveris	Konditionalsatz (Realis) VIDEO S. 53
		indefiniter Konditionalsatz §157.1
Z. 4	cogitaveris	Futur II § 140
Z. 4	tantundem ... licere	AcI VIDEO S. 27 ff.
		§§ 116-119, abhängig von cogitaveris
Z. 5	qui ... existimant	Relativsatz VIDEO S. 58 f.
		Attributsatz § 160
Z. 5 f.	quia ... circumdedit	Kausalsatz Video S. 51.
		§ 155
Z. 6	cenanti	participium coniunctum VIDEO S. 31 ff.
		§ 123
Z. 6	stantium	participium coniunctum VIDEO S. 31 ff.
Z. 8	ut loquantur	explicatives ut § 145 Anm.
Z. 10	ineiuni mutique	Prädikativa VIDEO S. 7 f.
		§ 77
Z. 10 f.	fit, ut ... loquantur	abhängiger Aussagesatz VIDEO S. 56.
		abhängiger Begehrsatz § 145.2
Z. 11	quibus ... licet	Relativsatz VIDEO S. 58 f.
		Attributsatz § 160
Z. 11 f.	quibus ... erat	Relativsatz VIDEO S. 58 f.
		Attributsatz § 160
Z. 12	quorum ... consuebatur	Relativsatz VIDEO S. 58 f.
		Attributsatz § 160
Z. 15	totidem hostes esse quot servos	indirekte Rede VIDEO S. 65 f.
		§§ 163–165
Z. 15	illos hostes	doppelter Akkusativ VIDEO S. 23.

II Übersetzungen

1 CICERO-PRÜFUNGSTEXTE

Cicero, Text 1 (pro Archia 23 f.)

Denn wenn irgendwer glaubt, durch griechische Verse werde geringerer Ruhm geerntet als durch lateinische, irrt er sich deswegen gewaltig, weil Griechisch bei fast allen Völkern gelesen wird, das Lateinische hingegen auf seine engen Grenzen beschränkt ist. Daher müssen wir, wenn die Leistungen, die wir erbracht haben, durch die Grenzen der Erde beschränkt werden, wünschen, dass unser Ruhm und Ansehen auch bis dorthin dringen, wohin die Geschosse unserer Soldaten gelangt sind, weil dies einerseits für die Völker selbst, über deren Taten geschrieben wird, bedeutsam ist, andererseits ganz sicher für diejenigen, die um des Ruhmes willen ihr Leben aufs Spiel setzen, die stärkste Motivation, Gefahren und Mühen auf sich zu nehmen. Wie viele Schriftsteller als Lobredner für seine Taten soll Alexander der Große bei sich gehabt haben! Trotzdem hat dieser, als er auf dem Sigeum-Gebirge vor dem Grabmal des Achill stand, gesagt: „O glücklicher junger Held, der du ja einen Homer als Lobredner für deine Taten gefunden hast!" Und wahrhaftig: Denn wenn eben jene Ilias nicht existierte, würde eben derselbe Hügel, der Achills Körper bedeckt, auch dessen Namen begraben haben.
Was weiter? Hat nicht unser großer Pompeius, dessen Glück seiner Tapferkeit gleichkommt, den Theophanes aus Mytilene, den Berichterstatter über seine Taten, in einer Versammlung seiner Soldaten mit dem Bürgerrecht beschenkt, und haben nicht unsere Leute, tapfere aber raue Soldaten, beeindruckt vom Zauber des Ruhmes, eben jenes mit großem Beifall beklatscht, als ob sie in gleicher Weise an dem Ruhm Anteil hätten? Da hätte, so glaube ich, Archias, wenn er nicht schon Kraft des Gesetzes römischer Bürger wäre, es nicht vermocht, von irgendeinem Feldherrn mit dem römischen Bürgerrecht beschenkt zu werden.

Cicero, Text 2 (Cat. 2, 12–14)

Am gestrigen Tage, nachdem ich in meinem Hause beinahe ermordet worden wäre, habe ich den Senat in den Tempel des Iuppiter Stator berufen und die versammelten Senatoren über den gesamten Sachverhalt unterrichtet. Als Catilina dorthin kam, welcher Senator hat ihn angesprochen, welcher gegrüßt? Wer schließlich hat ihn so angesehen wie einen verruchten Mitbürger oder nicht vielmehr wie den ärgsten Feind? Ja sogar die führenden Männer dieses Standes haben den Teil der Bänke, denen er sich genähert hatte, leer und unbenutzt gelassen. Da habe ich, der energische Konsul, der mit seinem Wort Bürger in die Verbannung schickt, Catilina gefragt, ob er an der nächtlichen Versammlung bei Marcus Laeca teilgenommen habe oder nicht. Weil jener überaus unverschämte Mensch, von seinem Gewissen überführt, zunächst schwieg, habe ich das übrige offen dargelegt: Was er in jener Nacht getan habe, wo er gewesen sei, was er für die nächste Nacht beschlossen habe und wie er den gesamten Kriegsplan festgelegt habe, habe ich erklärt. Als er nicht weiter wusste, als er überführt war, habe ich ihn gefragt, weshalb er zögere, dorthin zu gehen, wohin er schon längst gehen wollte, weil ich wusste, dass Waffen, Beile, Rutenbündel, Kriegstrompeten, Feldzeichen und jener Silberadler, für den er in seinem Haus sogar ein Heiligtum errichtet hatte, schon vorausgeschickt worden waren.

Ich schickte jemanden in die Verbannung, von dem ich wusste, dass er den Krieg bereits begonnen hatte? Denn, so glaube ich, jener Zenturio Manlius, der im Gebiet um Faesulae sein Lager aufgestellt hat, hat wohl in seinem eigenen Namen dem römischen Volk den Krieg erklärt, und jenes Lager erwartet nun nicht Catilina als seinen Anführer, und jener begibt sich, nachdem er hinausgeworfen worden ist, wie man behauptet, in die Verbannung nach Massilia und nicht in eben dieses Lager.

Cicero, Text 3 (Cat. 2, 1–2)

Endlich, Mitbürger, haben wir Catilina, der vor Kühnheit strotzte, nach Bosheit lechzte, dem Vaterland auf scheußliche Art Verderben bringen wollte, Euch und dieser Stadt mit Feuer und Schwert drohte, aus der Stadt hinausgejagt, geschickt oder mit Worten begleitet, als er freiwillig von dannen zog. Er ist weggegangen, entwichen, verschwunden, davongestürzt. Keine Gefahr wird mehr von diesem Scheusal und Ungeheuer der Stadt zumindest innerhalb der Stadtmauern drohen. Diesen einen Anführer dieses Bürgerkrieges haben wir ohne Zweifel besiegt. Denn nicht mehr länger wird sein Dolch sich zwischen unseren Rippen bewegen, nicht auf dem Marsfeld, nicht auf dem Forum, nicht in der Kurie und schließlich nicht mehr in unseren eigenen vier Wänden werden wir ihn fürchten müssen. Jener ist aus seiner Stellung vertrieben worden, indem er aus der Stadt gejagt wurde. Wir können offen gegen den Feind einen gerechten Krieg führen, ohne dass uns jemand hindert. Zweifellos haben wir den Mann zugrunde gerichtet und auf großartige Art und Weise besiegt, indem wir jenen aus dem verborgenen Hinterhalt in den offenen Krieg getrieben haben. Was glaubt ihr, von welch großer Trauer er gebeugt und niedergeschlagen ist angesichts der Tatsache, dass er nicht, wie er wollte, ein blutgetränktes Schwert davongetragen hat, dass er fortgegangen ist, ohne uns getötet zu haben, dass wir ihm die Waffe aus den Händen gewunden haben, dass er die Bürger unverletzt und die Stadt unversehrt zurückgelassen hat. Jener liegt nun daniedergestreckt, Mitbürger, und fühlt, dass er geschlagen und besiegt worden ist und wendet seine Augen in der Tat dieser Stadt zu, die – wie er betrauert – seinem Rachen entrissen worden ist: Diese aber scheint mir sich zu freuen, weil sie ein so großes Übel ausgespuckt und vor die Tür gesetzt hat.

Cicero, Text 4 (Cat. 3, 5–6)

Daher rief ich gestern die Praetoren L. Flaccus und C. Pomptinus, zwei ausgesprochen tüchtige und dem Staat äußerst ergebene Männer, zu mir, legte den Sachverhalt dar und erklärte, was meinem Willen nach geschehen solle. Jene aber, die ja, was das Allgemeinwohl betrifft, ausschließlich hervorragende und vorbildliche Grundsätze haben, übernahmen die Aufgabe, ohne im geringsten zu zögern. Als es Abend wurde, gelangten sie im Verborgenen zur milvischen Brücke und besetzten dort auf beiden Seiten die angrenzenden Landgüter so, dass sich der Tiber und die Brücke zwischen ihnen befanden. Dorthin aber hatten einerseits sie selbst, ohne den Verdacht irgendeines Menschen zu erregen, viele tatkräftige Männer mitgenommen, andererseits hatte ich aus dem Bezirk von Reate mehrere ausgewählte Männer, deren Hilfe ich ständig zum Schutz des Staates in Anspruch nehme, mit Schwertern bewaffnet geschickt. Als mittlerweile die dritte Nachtwache zu Ende gegangen war und die allobrogischen Gesandten gerade begannen, mit großem Gefolge die Brücke zu überschreiten, mit ihnen Volturcius, wurden sie angegriffen, auf ihrer und auf unserer Seite die Schwerter gezückt. Nur den Praetoren war das Vorhaben bekannt, die übrigen wussten von nichts. Aufgrund der Intervention des Pomptinus und des Flaccus wurde der Kampf, der gerade begonnen worden war, eingestellt. Alle Schriftstücke, die sie mit sich führten, wurden mit unversehrten Siegeln den Praetoren übergeben. Die Festgenommenen selbst wurden bei Tagesanbruch zu mir geführt. Und ich habe den schlimmsten Anstifter dieser ganzen Verbrechen, Gabinius Cimber, sofort zu mir gerufen.

Cicero, Text 5 (pro Cluentio 7 ff.)

Ich sehe ohne weiteres ein, ihr Richter, dass ich mich einem Fall zuwende, von dem man schon seit acht Jahren ständig in negativer Weise hört und der durch die stillschweigende Meinung der Leute fast schon entschieden und abgeurteilt ist. Aber wenn mir irgendein Gott Euer Wohlwollen gewährt, mir zuzuhören, dann werde ich gewiss bewirken, dass ihr einseht, dass der Mensch nichts so sehr fürchten muss wie üble Nachrede, dass ein Unschuldiger, wenn ihn die Nachrede betrifft, nichts so wünschen muss wie ein unparteiisches Gericht, weil dort allein grundlose Verleumdung schließlich ihre Grenze und ihr Ende findet. Deswegen erfüllt mich große Hoffnung, dass, wenn ich es vermag, all das, was zu diesem Fall gehört, zu erklären und in meiner Rede zu bewältigen, diese Stätte, Eure Versammlung, von der die Gegner glauben, sie werde jenem A. Cluentius Furcht und Schrecken bringen, seinem unglücklichen und hart erprobten Schicksal endlich einen Hafen und eine Zuflucht gewähren wird. Wenn ich auch, wie mir scheint, vieles, bevor ich über den Fall spreche, über die allgemeinen Gefahren der üblen Nachrede sagen müsste, möchte ich dennoch durch meine Rede Eure gespannte Erwartung nicht länger hinhalten und mich dem Schuldvorwurf zuwenden mit jener inständigen Bitte an Euch, ihr Richter, die ich, wie ich sehe, öfter vorbringen muss, dass Ihr mich so anhört, als ob dieser Fall jetzt zum ersten Mal verhandelt würde, wie es auch wirklich der Fall ist, und nicht, als ob man ihn schon oft verhandelt hätte, ohne je bewiesen worden zu sein. Denn am heutigen Tag ist zum ersten Mal die Möglichkeit gegeben, diesen schon lange bestehenden Vorwurf zu entkräften, während bisher dieser Fall dem Irrtum und der üblen Nachrede ausgesetzt war.

Cicero, Text 6 (de. oratore I, 30–32)

Nichts aber scheint mir vortrefflicher zu sein als durch die Kunst der Rede die Aufmerksamkeit der Menschen fesseln zu können, ihr Wohlwollen gewinnen und dorthin leiten zu können, wohin man will, und davon ablenken zu können, wovon man will: Die Kunst der Rede hat immer bei jedem freien Volk und besonders bei befriedeten und friedfertigen Völkern in voller Blüte gestanden und gewirkt. Was ist so bewundenswert, wie wenn einer aus einer unendlich großen Menschenmenge heraustritt, der das, was die Natur allen gegeben hat, entweder allein oder nur mit wenigen ausüben kann? Oder was ist so angenehm kennenzulernen und zu hören, wie eine Rede, die mit klugen Gedanken und gewichtigen Worten geschmückt und ausgefeilt ist? Was ist so mächtig und erhaben, wie wenn die Stimmungen des Volkes, die Überzeugungen der Richter und die Würde des Senats durch die Rede eines einzigen beeinflusst werden? Was ist ferner so majestätisch, so edel, so mildtätig, wie Flehenden Hilfe zu gewähren, Niedergeschlagene aufzurichten, Rettung zu bringen, aus Gefahren zu befreien, Menschen staatstreu zu halten? Was ist so notwendig, wie jederzeit Waffen zu besitzen, durch die man selbst geschützt sein oder jemanden unangefochten zum Kampf herausfordern oder aber sich rächen kann, wenn man angegriffen worden ist? Ferner aber, um nicht nur immer an das

Forum, Gerichtsstühle, Rednerbühne und die Kurie zu denken, was kann in der Freizeit angenehmer oder dem menschlichen Wesen mehr entsprechend sein als eine feine und in keiner Weise ungebildete Rede?

In diesem einen Punkt unterscheiden wir uns besonders von den wilden Tieren, dass wir miteinander reden und unsere Gefühle in Worten ausdrücken können. Wer dürfte daher dies nicht zu Recht bewundern und der Meinung sein, dass er gerade auf diesem Gebiet sich bemühen müsse, um sich auf dem Gebiet, auf dem die Menschen in besonderem Maße den wilden Tieren überlegen sind, selbst vor den Menschen auszuzeichnen?

Cicero, Text 7 (de imp.11–12)

Unsere Vorfahren haben schon oft wegen Kaufleuten und Frachtschiffern, wenn sie zu ungerecht behandelt worden waren, Kriege geführt; welche Einstellung müßt ihr hingegen haben, wenn auf einen Befehl hin und zum selben Zeitpunkt so viele tausend römische Bürger getötet worden sind? Weil Gesandte etwas zu hochmütig angesprochen worden waren, haben eure Väter die Zerstörung Korinths, der Perle ganz Griechenlands, gewollt. Wollt ihr hingegen zulassen, dass der König ungestraft bleibt, der einen Gesandten des römischen Volkes, ja ehemaligen Konsul, getötet hat, nachdem er ihn mit Fesseln und Schlägen und jeglicher Art von Martern gefoltert hatte? Jene haben es nicht ertragen, dass die Freiheit der römischen Bürger auch nur gemindert wurde. Wollt ihr hingegen einen Mord außer Acht lassen? Jene haben es mit Strafe verfolgt, als das Gesandtenrecht nur mit Worten verletzt worden war. Wollt ihr hingegen einen Gesandten, der mit aller erdenklicher Grausamkeit getötet worden ist, aus eurem Gedächtnis streichen? Seht zu, dass es euch nicht in dem Maße zur Schande gereicht, das, was euch hinterlassen worden ist, nicht schützen und bewahren zu können, wie es für jene äußerst ruhmreich war, euch ein so angesehenes Reich zu hinterlassen.

Was weiter? Mit welcher Haltung schließlich müsst ihr der Tatsache begegnen, dass das Wohl eurer Bundesgenossen in größte Gefahr und Bedrängnis gebracht wird? Der König Ariobarzanes, Bundesgenosse und Freund des römischen Volkes, ist aus seinem Reich vertrieben worden; zwei Könige, die nicht nur euch, sondern auch euren Bundesgenossen und Freunden äußerst feindlich gesinnt sind, bedrohen ganz Asien; alle Städte in ganz Asien und Griechenland sind wegen der Größe der Bedrohung gezwungen, auf eure Hilfe zu hoffen; einen bestimmten Oberbefehlshaber von euch zu fordern aber wagen sie nicht, zumal ihr ja schon einmal einen anderen geschickt habt, und sie meinen auch, dies nicht tun zu können, ohne sich in die größte Gefahr zu begeben.

Cicero, Text 8 (pro Murena 78 ff.)

L. Catilina hat nicht so geringschätzig über diesen Staat gedacht und ihn so verachtet, dass er der Meinung war, er könne dieses Gemeinwesen mit der Schar, die er mit sich führte, ernsthaft in Bedrängnis bringen. Die ansteckende Wirkung jenes Verbrechens reicht weiter, als irgendjemand glaubt, es betrifft mehr Menschen. Hier drinnen, hier drinnen, sage ich, steht das trojanische Pferd. Solange ich Konsul bin, wird euch niemals von ihm Gefahr drohen, während ihr schlaft. Man fragt mich vielleicht, ob ich Catilina fürchte. In keinster Weise, und ich habe dafür gesorgt, dass sich niemand zu fürchten braucht, aber ich sage, seine Gefolgschaft, die ich hier sehe, muss man fürchten; und Catilinas Heer muss man nicht so fürchten wie diese Leute da, von denen man sagt, sie hätten eben jenes Heer verlassen. Sie haben es nämlich nicht verlassen, sondern sie drohen, von jenem im Hinterhalt auf der Lauer zurückgelassen, unserem Haupt und Nacken. Sie wünschen nur, ein verfassungstreuer Konsul und tüchtiger Heerführer, der durch seine Wesensart und sein Schicksal mit dem Staat auf Gedeih und Verderb verbunden ist, werde durch euer Urteil vom Schutz des Staates abgehalten und an der Bewachung dieser Bürgerschaft gehindert. Ihren Waffen und ihrer Unverschämtheit bin ich auf dem Marsfeld entgegengetreten, habe sie auf dem Forum geschwächt und oft auch in meinem Hause bezwungen, ihr Richter; wenn ihr diesen Leuten den einen Konsul ausliefert, haben sie durch euer Urteil mehr erreicht als durch ihre eigenen Waffen. Es ist von großer Bedeutung, Ihr Richter, dass es am 1. Januar in diesem Staat zwei Konsuln gibt, was ich trotz des Widerstandes zahlreicher Leute energisch durchgesetzt habe.

Cicero, Text 9 (Philippica 13, 7–8)

Lepidus aber freilich, zum zweiten Male Feldherr, Oberpriester und einer, der sich im letzten Bürgerkrieg in größtem Maße um den Staat verdient gemacht hat, mahnt uns eindringlich zum Frieden. Keiner hat bei mir, Senatoren, größeres Ansehen als Lepidus, einerseits wegen seiner eigenen Tüchtigkeit und andererseits wegen des Ansehens seiner Familie. Hinzu kommen noch zahlreiche Dienste, die er mir privat erwiesen hat, ebenso einige Gefälligkeiten meinerseits ihm gegenüber. Doch zu seinen größten Verdiensten zähle ich, dass ihm der Staat sehr am Herzen liegt, der auch mir schon immer wichtiger als mein eigenes Leben gewesen ist. Als er nämlich den jungen Pompeius Magnus, den hochangesehenen Sohn eines ausgezeichneten Mannes, durch seinen Einfluss zum Frieden veranlasste und so den Staat ohne Waffengewalt aus der größten Gefahr eines Bürgerkrieges befreite, da hat er mich – wie ich glaube – durch sein Verdienst mehr verpflichtet als irgendein anderer. Daher habe ich ihm auch die denkbar größten Ehren zukommen lassen wollen, wobei ihr mir auch zugestimmt habt, und habe niemals aufgehört, sowohl das Beste von ihm zu erwarten als auch über ihn das Beste zu reden. Durch viele wichtige und verpflichtende Gründe hält der Staat Lepidus an sich gebunden: höchster Adel, alle durchlaufenen Ämter, die ehrenvollste Priesterwürde, zahlreiche Denkmäler in der Stadt, die an ihn selbst, seinen Bruder und seine Vorfahren erinnern; eine vortreffliche Frau, innigst geliebte Kinder, ein Vermögen, das sowohl groß als auch frei von Bürgerblut ist. Kein Bürger ist von ihm gekränkt worden, viele sind durch sein Verdienst und seine Barmherzigkeit gerettet worden. Ein solcher Mann und Bürger kann sich zwar in seinen Ansichten täuschen, in keiner Weise aber den Interessen des Staates zuwider handeln.

Cicero, Text 10 (Philippica 6, 2)

Der Grund für unsere äußerst tüchtigen und ausgezeichneten Konsuln, am 1. Januar über die politische Lage zu berichten, lag in erster Linie in dem begründet, was der Senat am 20. Dezember auf meine Veranlassung beschlossen hatte. An diesem Tag, Mitbürger, sind zuerst die Fundamente für die jetzige Politik gelegt worden: Denn nach langer Unterbrechung war der Senat so frei, dass auch ihr endlich frei sein konntet. Ich habe an diesem Tag eben damals – auch wenn jener Tag meinem Leben ein Ende setzen sollte – reichlich Lob empfangen, als ihr alle gemeinsam und einstimmig ausgerufen habt, der Staat sei ein zweites Mal von mir gerettet worden.
Von diesem euren wichtigen und so hervorragenden Urteil bestätigt, kam ich am ersten Januar in den Senat, wobei ich mir der Rolle bewusst war, die ich übernehmen sollte, da sie

mir von euch auferlegt worden war. Da ich nun also sah, dass ein verbrecherischer Krieg gegen den Staat begonnen worden war, war ich der Meinung, dass es bei der Verfolgung des Antonius keine Verzögerung geben dürfe und schlug vor, diesen äußerst skrupellosen Menschen, der nach vielen vorher begangenen Verbrechen einen Feldherren des römischen Volkes eingeschlossen hielt, der eure treuste und tapferste Siedlung belagerte, mit Krieg entgegenzutreten: Ich habe den Notstand ausgerufen, die Einstellung aller Rechtsgeschäfte verkündet und gesagt, dass zu den Waffen gegriffen werden solle, damit alle um so energischer und nachdrücklicher daran gingen, das dem Staat zugefügte Unrecht zu ahnden, wenn sie sähen, dass vom Senat alle Mittel für einen schweren Krieg in Gang gesetzt worden seien. Diese Meinung, Mitbürger, war denn auch drei Tage lang vorherrschend, so dass, obwohl noch keine Abstimmung stattgefunden hatte, alle mir mit wenigen Ausnahmen schienen zustimmen zu wollen.

Cicero, Text 11 (Philippica 6, 3 f.)

Ich sehe ein, Mitbürger, dass ihr diesen Vorschlag ablehnt, und nicht zu Unrecht. Zu wem schicken wir denn Gesandte? Zu jemandem, der nach Verschwendung und Verschleudern von öffentlichen Geldern gewaltsam und unter Mißachtung der Vorzeichen dem Staat Gesetze auferlegt hat, eine Volksversammlung in die Flucht gejagt hat, den Senat belagert hat, und dann, um den Staat in seinen Grundfesten zu erschüttern, Legionen aus Brundisium herbeigerufen hat, von diesen im Stich gelassen, mit einer Räuberbande in Gallien eingefallen ist, Brutus belagert und Mutina umschlossen hält? Welche Gemeinsamkeit im Hinblick auf Abmachungen, Gerechtigkeit und Gesandtschaftsrecht kann es für euch mit diesem Banditen geben? Dies ist jedoch keine Gesandtschaft, Mitbürger, sondern eine Kriegserklärung, wenn er nicht Folge leistet. Die Anordnungen sind nämlich so, als ob man Gesandte zu Hannibal sende. Es werden sogar Leute zu ihm geschickt, die ihm melden sollten, dass er den zukünftigen Konsul nicht bedrängen solle, dass er Mutina nicht belagern, keine Provinz verwüsten, keine Truppenaushebungen vornehmen und sich der Gewalt des Senates und des römischen Volkes unterstellen solle. Ohne weiteres wird er dieser Anordnung Folge leisten, dass er sich in eure und die Gewalt der Senatoren begibt, obwohl er nie Gewalt über sich selbst gehabt hat. Was hat er denn jemals aus eigenem Willen getan? Stets ließ er sich dorthin reißen, wohin ihn seine Gelüste gezogen haben, sein Leichtsinn, sein Wahnwitz, seine Trunkenheit; immer haben ihn zwei verschiedene Arten von Menschen beherrscht, Kuppler und Räuber; und er erfreut sich an unzüchtigem Treiben zu Hause wie an Morden auf dem Forum in der Weise, dass er einem äußerst habgierigen Frauenzimmer mehr gehorcht als dem Senat und dem römischen Volk. Daher möchte ich das, was ich kurz zuvor im Senat durchgesetzt habe, auch bei euch sicherstellen.

Cicero, Text 12 (Philippica II, 23 ff.)

Dass du aber gewagt hast zu sagen – und dies mit vielen Worten –, durch mein Werk sei die Freundschaft zwischen Pompeius und Caesar in die Brüche gegangen, deswegen sei durch meine Schuld der Bürgerkrieg ausgebrochen, darin irrst du dich zwar nicht in dem gesamten Sachverhalt, aber, was am bedeutensten ist, in der Zeitabfolge. Ich habe nämlich, als Marcus Bibulus, ein ausgezeichneter Mann, Konsul war, nichts ausgelassen – soweit ich es mit aller Anstrengung vermochte – , um Pompeius von einem Bündnis mit Caesar abzubringen. Hierin war Caesar erfolgreicher. Er selbst hat nämlich Pompeius von der Freundschaft mit mir abgebracht. Später aber, als sich Pompeius Caesar ganz anschloss, was hätte ich versuchen sollen, jenen von diesem loszueisen? Es hätte von Dummheit gezeugt, darauf zu hoffen, von Anmaßung, darauf Einfluss zu nehmen. Dennoch habe ich Pompeius zweimal von Caesar abgeraten. Dies magst du tadeln, wenn du kannst: das erste Mal, dass er das Kommando Caesars nicht um 5 Jahre verlängern solle, das zweite Mal, dass er nicht zulassen dürfe, dass man Caesars Bewerbung während seiner Abwesenheit berücksichtige. Wenn ich ihn in nur einem dieser Punkte hätte überreden können, wären wir niemals in diese missliche Lage geraten. Als Pompeius schon alle Machtmittel, die eigenen und die des römischen Volkes, in Caesars Hände gegeben hatte und zu spät anfing zu bemerken, was ich schon viel früher vorausgesehen hatte und nun erkannte, dass das Vaterland in einen entsetzlichen Krieg verwickelt werde, habe gerade ich nicht aufgehört, Fürsprecher des Friedens, der Eintracht und der Verständigung zu sein, und eben jene meine Worte sind vielen bekannt: „Hättest du doch, Cn. Pompeius, das Bündnis mit Caesar entweder nie geschlossen oder nie gebrochen!"

Cicero, Text 13 (Philippica V, 2–4)

Denn dieser Tag, Senatoren, ist für euch angebrochen, diese Gelegenheit für euch gegeben, dem römischen Volk zu zeigen, welcher Mut, welche Standhaftigkeit, welche Würde in der Versammlung dieses Standes liegt. Erinnert euch, wie es vor zwölf Tagen gewesen ist, wie viel Eintracht, wie viel Mut und wie viel Standhaftigkeit bei euch geherrscht hat; wie viel Lob, wie viel Ruhm, wie viel Dankbarkeit ihr vom römischen Volk geerntet habt. Und an jenem Tag, Senatoren, habt Ihr beschlossen, dass für euch nichts anderes in Frage kam außer einem ehrenhaften Frieden oder einem unausweichlichen Krieg. Frieden will Marcus Antonius? Dann soll er die Waffen niederlegen und inständig um Frieden bitten. Niemanden wird er geneigter finden als mich, obwohl er mir, solange er sich den pflichtvergessenen Bürgern empfehlen wollte, lieber ein Feind als ein Freund sein wollte. In der Tat kann ihm nichts zugestanden werden, solange er Krieg führt. Vielleicht wird es irgendwann etwas geben, was ihm zugestanden werden kann, wenn er uns bittet; aber Gesandte zu ihm zu schicken, worüber ihr vor zwölf Tagen einen sehr energischen und unnachgiebigen Beschluss gefasst habt, zeugt schon nicht mehr von Leichtsinn, sondern, um auszusprechen, was ich denke, von Wahnwitz. Zuerst habt ihr diejenigen Truppenführer gelobt, die aus eigener Initiative den Krieg gegen ihn begonnen haben; anschließend die altgedienten Soldaten, die, obwohl sie von Antonius in Siedlungen angesiedelt worden waren, die Freiheit des römischen Volkes seiner Gunst vorgezogen haben. Was weiter? Warum die Legio Martia und die vierte: Warum werden sie gelobt? Denn, wenn sie ihren Konsul verlassen haben, sind sie zu tadeln, wenn aber einen Feind des Staates, dann werden sie zu Recht gelobt.

Cicero, Text 14 (de imp. 7–8)

Und da ihr ja schon immer mehr als andere Völker Ruhm erstrebt habt und gierig nach Lob gewesen seid, müsst ihr jenen Schandfleck, der durch den letzten Krieg mit Mithridates an euch haftet, auslöschen. Dieser sitzt bekanntermaßen schon tief im Namen des römischen Volkes und ist dort verwurzelt, weil derjenige, der an einem einzigen Tag in ganz Asien in so vielen Bürgerschaften durch eine einzige Anordnung und mit einem einzigen Zeichen dafür gesorgt hat, dass alle römischen Bürger getötet und niedergemetzelt worden sind, nicht nur keine diesem

Verbrechen würdige Strafe bekommen hat, sondern sogar schon das dreiundzwanzigste Jahr regiert und so regiert, dass er sich weder in den hintersten Winkeln von Pontus noch in denen von Kappadokien verbergen möchte, sondern aus seinem heimatlichen Königreich auftauchen und sich in euren Steuergebieten, das heißt mitten in Asien, aufhalten möchte. Außerdem haben bis jetzt unsere Feldherren mit jenem König so Krieg geführt, dass sie von ihm Siegestrophäen, aber keine Siege nach Hause gebracht haben. Triumphiert hat Lucius Sulla, hat Lucius Murena über Mithridates, zwei ausgesprochen tüchtige Männer und Feldherren, aber sie haben so triumphiert, dass jener, obwohl er überwunden und geschlagen worden ist, trotzdem herrscht. Trotzdem aber ist jenen Feldherren Lob zu zollen, weil sie gehandelt haben, Nachsicht hingegen zu gewähren, weil sie diesen Krieg hinterlassen haben, ohne ihn zu beenden, deswegen, weil der Staat aus diesem Krieg Sulla, Sulla hingegen Murena zurückgerufen hat. Mithridates dagegen verbringt die ganze restliche Zeit nicht damit, den Krieg zu vergessen, sondern damit, einen neuen vorzubereiten.

Cicero, Text 15 (de prov. cons. 19 f.)

Ein sehr großer Krieg ist in Gallien geführt worden. Von Caesar sind die größten Stämme bezwungen worden, die aber noch nicht durch Gesetze, durch klare Rechtsverhältnisse und noch nicht durch einen hinreichend sicheren Frieden uns verpflichtet sind. Wir sehen, dass der Krieg dem Ende nahe ist und, um die Wahrheit zu sagen, so gut wie beendet ist, aber in der Weise, dass wir die ganze Angelegenheit nur als beendet ansehen können, wenn derselbe, der den Krieg begonnen hat, auch alles Restliche zu Ende führt, dass aber, wenn er abgelöst wird, die Gefahr besteht, dass wir hören, dass die Reste dieses Krieges sehr großen Ausmaßes wieder erneuert und aufgeflammt sind. Also muss ich als Senator – ein Feind, wenn ihr so wollt, dieses Mannes – ein Freund dem Staat gegenüber sein, wie ich es immer gewesen bin. Was weiter? Wenn ich um des Staates willen von meiner feindseligen Haltung Abstand nähme, wer wird mir dann zu Recht einen Vorwurf daraus machen, zumal ich immer der Meinung gewesen bin, dass ich in meinen Überlegungen und Taten mir immer ein Beispiel an den Taten der berühmtesten Männern nehmen müsse. Ist in der Tat nicht jener Marcus Lepidus, der zweimal Konsul und Oberpriester war, nicht nur durch die Erinnerung an ihn, sondern auch durch die Niederschrift in den Annalen und durch die Worte unseres berühmtesten Dichters geehrt worden, weil er sich mit seinem Amtskollegen Marcus Fulvius, seinem Erzfeind, der am selben Tage zum Zensor gewählt worden war, auf dem Marsfeld unverzüglich ausgesöhnt hat, damit sie das gemeinsame Amt der Zensur in gleicher Einstellung und Gesinnung wahrnehmen konnten? Und um Vergangenes, wofür es unzählige Beispiele gäbe, außer Acht zu lassen, hat sich nicht dein Vater, Philippus, zur gleichen Zeit mit seinen schlimmsten Feinden ausgesöhnt? Mit diesen allen hat dieselbe Rücksicht auf das Staatswohl ihn wieder versöhnt, die ihn einst entfremdet hatte.

Cicero, Text 16 (Roscius 61 f.)

Um Verwandtenmord wird dieser Prozess geführt, und vom Ankläger ist kein Motiv angeführt worden, warum der Sohn seinen Vater getötet haben sollte. Das, was bei den geringsten Vergehen und bei diesen leichten Verfehlungen, die ziemlich häufig und fast schon alltäglich sind, in allererster Linie untersucht wird, nämlich welches das Motiv für das Verbrechen gewesen ist, das braucht man – wie Erucius meint – bei einem Verwandtenmord nicht zu untersuchen.

Bei diesem Verbrechen, ihr Richter, ist man auch dann nicht blindlings vertrauensselig, wenn viele Motive zusammenzukommen und stimmig zu sein scheinen; weder wägt man den Fall mit leichtfertigen Vermutungen ab, noch wird ein unglaubwürdiger Zeuge gehört, noch wird er nach der Fähigkeit des Anklägers entschieden. Sowohl viele vorher begangene Untaten als auch einen völlig verdorbenen Lebenswandel und einzigartige Skrupellosigkeit des Angeklagten muss man notwendigerweise nachweisen und nicht nur Skrupellosigkeit allein, sondern auch völligen Wahnsinn höchsten Grades. Selbst wenn alle diese Umstände vorliegen, müssen dennoch deutliche Spuren des Verbrechens vorhanden sein: Wo, auf welche Weise, mit welchen Helfershelfern und zu welchem Zeitpunkt das Verbrechen begangen worden ist. Wenn diese Spuren nicht zahlreich und offensichtlich greifbar sind, dann kann man in der Tat nicht an so ein verbrecherisches, so scheußliches und so ruchloses Vergehen glauben. Groß ist nämlich die Macht der menschlichen Liebe, viel vermag die Blutsverwandtschaft. Die Natur selbst widersetzt sich energisch Anschuldigungen solcher Art. Es ist absolut widernatürlich, wenn es jemanden in menschlicher Erscheinung und Gestalt gibt, der an Rohheit die wilden Tiere in dem Maße übertrifft, dass er diejenigen auf scheußlichste Art des Lebens beraubt, denen er dieses so herrliche Leben verdankt, da Geburt, Aufzucht und die Natur selbst sogar die wilden Tiere miteinander verbindet.

Cicero, Text 17 (Verres II, 4, 1–2)

Ich wende mich nun der Liebhaberei dieses Mannes da, wie er es selbst nennt, seiner Krankhaftigkeit und seinem Wahnwitz, wie es seine Freunde, seiner Räuberei, wie es die Bewohner Siziliens nennen, zu. Ich hingegen weiß nicht, welchen Namen ich gebrauchen soll; ich werde euch diesen Fall vor Augen führen, den ihr nach seiner Gewichtigkeit, nicht hinsichtlich seiner Bezeichnung beurteilen sollt. Lernt als erstes den Tatbestand als solchen kennen, ihr Richter; dann braucht Ihr euch vielleicht nicht mehr groß danach zu fragen, mit welchem Namen ihr ihn bezeichnen zu müssen glaubt. Ich behaupte, dass es in ganz Sizilien, einer so reichen, einer so alten Provinz, mit so vielen Städten und so vielen reichen Familien, keine silberne Vase, keinen Edelstein, keine Perle, nichts aus Gold oder Elfenbein, kein Bildnis aus Bronze, Marmor oder Elfenbein, ich behaupte, dass es überhaupt kein Gemälde weder auf festem Untergrund noch auf Leinen gibt, das jener nicht aufgestöbert, inspiziert und einkassiert hat, weil es ihm gefiel. Ich scheine Ungeheuerliches zu behaupten: Beachtet aber, wie ich es sage. Ich stelle alles zusammenfassend dar, nicht um große Worte zu machen und auch nicht, um das Verbrechen größer zu machen: Wenn ich behaupte, dass jener da nichts von diesen Dingen in der gesamten Provinz gelassen habe, sollt ihr wissen, dass ich Latein rede, nicht hingegen wie ein Ankläger. Nun aber noch deutlicher: Ich sage, dass jener da nichts in irgendjemandes Haus, nicht einmal bei Gastfreunden, nichts an allgemein zugänglichen Plätzen, nicht einmal in den Tempeln, nichts bei einem Einwohner Siziliens, nichts bei einem römischen Bürger und schließlich nichts, was unter seine Augen und ihm zur Kenntnis gekommen war, weder privater noch öffentlicher, weder weltlicher noch sakraler Natur in Sizilien zurückgelassen hat.

Cicero, Text 18 (Verres II, 4, 115–116)

Ich will die Ausplünderung einer einzigen Stadt, der schönsten und würdevollsten von allen, nämlich Syracus, erwähnen und in den Mittelpunkt rücken, ihr Richter, um die ganze Rede über dieses Thema endlich zu beenden. Kaum einen gibt es von euch, der nicht gehört hat, wie Syracus von Marcus Marcellus eingenommen worden ist, kaum einen, der dies nicht in den Jahrbüchern gelesen hat. Vergleicht diesen Frieden mit jenem Krieg, die Ankunft dieses Prätors mit dem Siegeszug jenes Feldherren, die abscheuliche Gefolgschaft dieses Prätors mit dem unbesiegten Heer jenes Feldherren, dessen Gier mit seiner Mäßigkeit: Ihr werdet sagen, dass Syracus von jenem, der es erobert hat, gegründet, von diesem hingegen, der es wohlgeordnet übernommen hat, erobert worden sei. Und dabei lasse ich schon unerwähnt, was von mir vereinzelt an mehreren Stellen immer wieder gesagt werden wird und gesagt worden ist, dass das Forum von Syracus, welches beim Einzug des Marcellus rein von Blut gehalten worden ist, nach der Ankunft des Verres vom Blut unschuldiger Syracusaner überströmt war, dass der Hafen von Syracus, der damals für unsere Flotten und die der Karthager geschlossen worden war, unter jenem Prätor aber den Kaperschiffen und Räuberbanden der Kilikier offengestanden hat. Ich lasse ferner die Gewalt unerwähnt, die er gegenüber den Einheimischen angewandt hat, Mütter, die vergewaltigt worden sind, Verbrechen, die damals in der Stadt, obwohl sie erobert worden war, nicht begangen worden sind, weder aufgrund feindlichen Hasses noch durch die Zügellosigkeit der Soldaten noch aufgrund des Kriegsrechtes noch mit dem Recht des Siegers; zusätzlich, sage ich, lasse ich unerwähnt, was in den letzten drei Jahren von diesem Menschen da angerichtet worden ist. Nehmt nur alles, was im Zusammenhang mit diesen Dingen steht, die ich vorher genannt habe, zur Kenntnis.

Cicero, Text 19 (Verres 2, 4, 72 f.)

Segesta ist eine sehr alte Stadt auf Sizilien, ihr Richter, die von Aeneas, als er aus Troja floh und in diese Gegend kam, gegründet worden sein soll. Daher sind die Einwohner von Segesta der Meinung, sie seien nicht nur durch ein beständiges Bündnis und ewige Freundschaft, sondern auch durch Familienbande mit dem römischen Volk verbunden. Diese Stadt ist einst, als ihre Bürger mit den Karthagern in eigener Verantwortung und aus freiem Willen Krieg führten, von eben diesen eingenommen und zerstört worden. Alles, was die Stadt schmücken konnte, ist von dort nach Karthago gebracht worden. Es gab damals in Segesta ein Standbild der Diana aus Bronze, von altersher in höchsten Ehren gehalten, gefertigt mit einzigartiger Kunstfertigkeit. Nach Karthago gebracht, wechselte diese Statue nur den Standort und die Umgebung, bewahrte aber ihre althergebrachte Vehrehrungswürdigkeit, denn wegen ihrer außergewöhnlichen Schönheit erschien sie sogar den Feinden würdig, innigst verehrt zu werden. Einige Jahrhunderte später nahm Scipio im 3. Punischen Krieg Karthago ein. Nach seinem Sieg – ersieht daraus den Anstand und die Gewissenhaftigkeit dieses Menschen, damit ihr euch sowohl an römischen Beispielen ausgezeichneten Anstandes freuen als auch die ungeheure Kühnheit des Verres für um so verabscheuungswürdiger halten könnt – rief Marcellus alle Sizilier zu sich, weil er wusste, dass die Karthager Sizilien sehr lange und sehr oft heimgesucht hatten, und befahl ihnen, allem Verlorenen nachzuspüren; er versprach, er werde sich intensiv darum kümmern, dass jede Gemeinde ihr Eigentum zurückerhalten werde.

Cicero, Text 20 (Verres, II, 4, 120 f.)

Nun möchte ich auf Marcellus zurückkommen, damit es nicht scheint, diese Sache sei von mir ohne Grund erwähnt worden. Als er diese so berühmte Stadt mit Waffengewalt erobert hatte, glaubte er nicht, dass es ruhmvoll für das römische Volk sei, diese Schönheit, zumal sich aus ihr keine Gefahr andeutete, zu zerstören und zu vernichten; daher schonte er alle Gebäude, öffentliche wie private, geweihte wie weltliche in der Art und Weise, als ob er mit seinem Heer zu deren Verteidigung, nicht zu deren Eroberung gekommen sei. Bei den Kunstwerken dieser Stadt berücksichtigte er zwar die Interessen des Siegers, ließ aber auch Menschlichkeit walten. Er glaubte, dass es im Interesse des Siegers liege, vieles aus der Stadt nach Rom zu schaffen, was die Stadt zieren könne, dass es hingegen ein Zeichen der Menschlichkeit sei, eine Stadt nicht vollständig auszurauben, welche er hatte schonen wollen. Das, was nach Rom gebracht worden ist, sehen wir beim Tempel der Ehre und der Virtus und ebenso an anderen Orten. Nichts stellte er in Privathäusern, nichts in Gärten, nichts in der Vorstadt auf: Er glaubte, wenn er die Schmuckstücke der Stadt nicht in sein Haus bringe, werde sein Haus der Stadt zur Zierde gereichen; den Einwohnern von Syracus aber ließ er viele und berühmte Werke zurück; kein Götterbild hat er beschädigt, keines angetastet. Vergleicht mit ihm den Verres, nicht um einen Menschen mit einem Menschen zu vergleichen, damit so jemandem, der nicht mehr am Leben ist, kein Unrecht geschieht, sondern um Frieden mit Krieg, Gesetzeskraft mit Gewalt, das Forum und die Rechtssprechung mit Schwertern und Waffen, friedliche Ankunft und Freundschaft mit Heer und Siegesgeschrei zu vergleichen.

Cicero, Text 21 (de inv. 2, 1–2)

Einst wollten die Einwohner von Croton, als sie in jeder Hinsicht auf dem Höhepunkt ihrer Macht standen und in Italien zu den Reichsten gezählt wurden, den Tempel der Juno, den sie mit sehr großer Frömmigkeit heilig hielten, mit sehr schönen Bilder ausstatten. Daher gewannen sie Zeuxis, der damals als der bei weitem beste unter den Malern galt, für einen hohen Preis für diese Aufgabe. Dieser malte mehrere Bilder und sagte dann, dass er ein Bild der Helena anfertigen wolle, damit sein Gemälde die herausragende Schönheit der Gestalt dieser Frau in sich trage. Das hörten die Einwohner von Croton gern, da sie schon oft vernommen hatten, dass Zeuxis im Malen des weiblichen Körpers allen anderen weit überlegen sei. Sie glaubten nämlich, dass er ihnen in jenem Tempel ein großartiges Kunstwerk vermachen werde, wenn er die Aufgabe, der er bestens gewachsen sei, auf das sorgfältigste ausgeführt habe. Und sie täuschten sich damals in ihrer Menung nicht; denn Zeuxis sagte: „Gewährt mir, so bitte ich euch, von den jungen Frauen die schönsten, solange ich das male, was ich euch versprochen habe, damit durch eine lebendige Vorlage die Wirklichkeit auf das heilige Bildnis übertragen wird."
Darauf brachten die Einwohner von Croton nach offiziellem Beschluss die schönsten jungen Frauen an einen Ort und gaben dem Maler die Möglichkeit diejenige auszuwählen, die er malen wolle. Jener aber wählte fünf aus, deren Namen viele Dichter der Nachwelt überliefert haben, da sie ja durch das Urteil dessen für schön befunden worden waren, der ihrer Meinung nach die einzig wahre Vorstellung von Schönheit haben musste. Denn er glaubte nicht, dass er alles, was er für schön hielt, in einem einzigen Körper finden könne, da die Natur nichts geschaffen hat, was in jeder Hinsicht vollendet ist.

Cicero, Text 22 (de senect. 19, 66–69)

Ein vierter Grund steht noch aus, der alte Menschen sehr zu ängstigen und zu beunruhigen scheint, nämlich die unmittelbare Nähe des Todes, der mit Sicherheit vom Alter nicht weit entfernt sein kann. Wie bedauernswert ist ein alter Mensch, der in einem so langen Leben noch nicht bemerkt hat, dass der Tod geringzuschätzen ist! Entweder muss man den Tod vollständig ignorieren, wenn er die Seele gänzlich auslöscht, oder er ist sogar wünschenswert, wenn er die Seele irgendwo hingeleitet, wo sie unvergänglich sein wird; eine dritte Möglichkeit kann man aber mit Sicherheit nicht finden. Was also soll ich fürchten, wenn ich nach dem Tod entweder nicht unglücklich oder sogar glücklich sein werde? Wer jedoch ist so dumm, dass er genau zu wissen glaubt, dass er bis zum Abend am Leben bleibe, auch wenn er noch jung ist? Jenes Alter hat sogar eine höhere Sterblichkeitsrate als unseres; junge Menschen werden leichter krank, erkranken schwerer und werden langsamer wieder gesund. Daher erreichen wenige das hohe Alter.

Ein junger Mensch aber hofft, dass er lange leben wird, etwas, worauf ein alter Mensch nicht hoffen kann. Unklugerweise gibt sich der junge Mensch dieser Hoffnung hin: Denn was ist dümmer als Unsicheres für sicher und Falsches für richtig zu halten? Ein alter Mensch aber hat nicht einmal etwas, worauf er hoffen kann. Trotzdem ist dieser besser dran als ein junger Mensch, weil er das, worauf jener hofft, schon erreicht hat; jener möchte lange leben, dieser hat schon lange gelebt. Was aber ist in der menschlichen Natur von Dauer? Die Stunden, Tage, Monate und Jahre vergehen, und die Vergangenheit kehrt niemals mehr zurück.

2 CAESAR-PRÜFUNGSTEXTE

Caesar, Text 1 (B.G. VI, 7–8)

Nachdem die Treverer große Truppen an Infanterie und Reiterei zusammengezogen hatten, bereiteten sie sich darauf vor, Labienus mit seiner einen Legion, die in deren Gebiet überwinterte, anzugreifen. Nachdem sie ihr Lager in einer Entfernung von 15 Meilen aufgestellt hatten, beschlossen sie, auf die Hilfstruppen der Germanen zu warten.

Da Labienus den Plan der Feinde durchschaut hatte und hoffte, dass sich aufgrund ihrer Unvorsichtigkeit eine Gelegenheit zum Kampf ergeben werde, marschierte er, nachdem er fünf Kohorten zum Schutz des Trosses zurückgelassen hatte, mit mehreren Kohorten und einer großen Anzahl an Reitern dem Feind entgegen und befestigte in einer Entfernung von einer Meile sein Lager. Nachdem er nachts seine Militärtribunen zusammengerufen hatte, legte er ihnen dar, was sein Plan sei, und befahl, das Lager mit größerem Lärm abzubrechen, als man es von den Römern gewohnt ist, um den Feinden um so leichter den Anschein von Furcht zu vermitteln. Dadurch bewirkte er, dass der Aufbruch einer Flucht ähnlich schien. Kaum hatte die Nachhut die Befestigung verlassen, als die Gallier, nachdem sie sich gegenseitig angespornt hatten, nicht die erhoffte Beute aus den Händen zu verlieren, ohne Zögern den Fluß überquerten.

Labienus hatte vermutet, dass dies geschehen werde, und marschierte, indem er wieder einen Abmarsch vortäuschte, langsam voran, um sie alle über den Fluss zu locken. „Die Gelegenheit, die ihr haben wolltet, Soldaten, habt ihr nun"; sagte er, „ihr habt den Feind an einer für ihn ungünstigen Stelle." Schnell schleuderten unsere Leute mit Geschrei die Wurfgeschosse auf die Feinde. Sobald jene sahen, dass diejenigen, von denen sie geglaubt hatten, sie flöhen, wider Erwarten einen Angriff auf sie starteten, konnten sie dem Ansturm nicht standhalten und versuchten, in die Flucht geschlagen, die nächstgelegenen Wälder zu erreichen.

Caesar, Text 2 (B.G. IV, 16)

Nach Beendigung des Krieges mit den Germanen meinte Caesar aus vielen Gründen, den Rhein überschreiten zu müssen. Der schwerwiegendste von diesen war, dass er, weil er sah, dass die Germanen sich so leicht verleiten ließen, nach Gallien zu kommen, wollte, dass diese auch um ihre eigene Sicherheit fürchteten, wenn sie merkten, dass es das Heer des römischen Volkes sowohl vermöge als auch wage, den Rhein zu überschreiten.

Hinzu kam noch, dass sich ein Teil der feindlichen Reiterei in das Gebiet der Sugambrer zurückgezogen und mit diesen verbündet hatte. Als Caesar zu diesen Boten geschickt hatte, die fordern sollten, ihm diejenigen, die ihn und Gallien angegriffen hätten, auszuliefern, antworteten sie: Der Rhein begrenze den Machtbereich des römischen Volkes; wenn er es nicht für richtig halte, dass die Germanen gegen seinen Willen nach Gallien hinüberkämen, warum fordere er dann irgendeinen Machtanspruch für sich jenseits des Rheines?

Die Ubier aber, die als einzige von den Stämmen, die jenseits des Rheins wohnen, Gesandte geschickt, Freundschaft geschlossen und Geiseln gestellt hatten, baten ihn inständig, ihnen Hilfe zu schicken, da sie ernsthaft von den Sueben bedrängt würden. Falls er durch Staatsgeschäfte gehindert werde, dies zu tun, möge er doch wenigstens sein Heer über den Rhein setzen: Dies werde ihnen für den gegenwärtigen Zeitpunkt eine Hilfe und hinreichend Hoffnung für die Zukunft sein. Sie versprachen, eine große Anzahl an Schiffen zum Transport des Heeres zur Verfügung zu stellen.

Aus eben diesen Gründen hatte Caesar beschlossen, den Rhein zu überqueren. Er glaubte aber, mit Schiffen hinüberzusetzen sei nicht sicher genug und entspreche weder seiner noch der Würde des römischen Volkes. Daher war er der Ansicht, eine Brücke bauen zu müssen, oder andernfalls das Heer nicht übersetzen zu dürfen.

Caesar, Text 3 (B.G. I, 17, 1)

Domitius schickte, wobei er eine große Belohnung in Aussicht stellte, Boten, die sich in diesem Gebiet auskannten, mit einem Brief nach Apulien zu Pompeius, die ihn inständig bitten sollten, dass er ihm zu Hilfe kommen möge: Wenn er dies nicht tue, würden er selbst, mehr als 30 Kohorten und eine große Anzahl Senatoren und römische Ritter in Gefahr geraten. Inzwischen stellte er, nachdem er seinen Leuten Mut zugesprochen hatte, Geschütze auf den Stadtmauern auf und teilte jedem einen Bezirk der Stadt zur Bewachung zu. In einer Versammlung versprach er den Soldaten Land aus seinen Besitzungen.

Inzwischen wurde Caesar gemeldet, die Einwohner von Sulmo – diese Stadt ist von Corfinium sieben Meilen entfernt – seien bereit, das zu tun, was er wolle, würden aber von dem Senator Quintus Lucretius und dem Paeligner Attius, die diese Stadt mit einer Truppe von sieben Kohorten besetzt hielten, daran gehindert. Dorthin schickte er Marcus Antonius mit fünf Kohorten der 13. Legion. Sobald die Einwohner von Sulmo unsere Feldzeichen sahen, öffneten sie die Stadttore und alle, sowohl die Einwohner als auch die Soldaten, gingen dem Antonius entgegen, um ihn freundlich zu begrüßen. Lucretius und Attius flohen mit einem Sprung von der Stadtmauer. Attius wurde zu Antonius geführt und bat ihn, zu Caesar gebracht zu werden.

Antonius kehrte mit den Kohorten und Attius am selben Tag, an dem er losmarschiert war, zurück. Caesar gliederte dessen Kohorten seinem Heer ein und entließ Attius unversehrt. In den ersten Tagen beschloss Caesar, das Lager mit starkem Schanzwerk zu befestigen, aus den benachbarten Städten Getreide bringen zu lassen und die übrigen Truppen abzuwarten.

Caesar, Text 4 (B.G. V, 10–11,7)

Am nächsten Tag schickte er morgens Soldaten und Reiter in drei Abteilungen auf einen Streifzug aus, um diejenigen, die geflohen waren, verfolgen zu lassen. Als diese eine beträchtliche Strecke zurückgelegt hatten, und die feindliche Nachhut bereits in Sichtweite kam, trafen Reiter von Quintus Atrius bei Caesar ein, die melden sollten, dass in der vergangenen Nacht durch einen sehr schweren Sturm fast alle Schiffe beschädigt und gestrandet seien, weil weder Anker und Taue gehalten hätten, noch die Matrosen und Steuermänner der Gewalt des Sturmes hätten standhalten können. Daher sei aufgrund des Zusammenpralls der Schiffe großer Schaden entstanden.

Auf diese Nachricht hin ließ Caesar die Legionen und die Reiterei zurückrufen und auf dem Marsch anhalten; er selbst kehrte zu den Schiffen zurück. Eben das, was er durch die Boten und eine schriftliche Meldung erfahren hatte, fand er mit eigenen Augen annähernd bestätigt, zumindest in dem Maße, dass bei Verlust von ungefähr 40 Schiffen es dennoch schien, dass die übrigen, wenn auch mit großer Mühe, wiederhergestellt werden könnten. Daher wählte er aus den Legionen Pioniere aus und ließ andere vom Festland herbeiholen. Dem Labienus schrieb er, dass er mit den Legionen, die unter seinem Kommando ständen, möglichst viele Schiffe bauen solle. Er selbst beschloss, dass, obwohl dies viel Mühe und Arbeit bedeutete, es dennoch am besten sei, alle Schiffe an Land zu ziehen und mit dem Lager zu einer Befestigung zu verbinden. Hierfür benötigte er ungefähr 10 Tage, wobei die Soldaten nicht einmal bei Nacht die Arbeit unterbrachen. Nachdem die Schiffe an Land gezogen waren und das Lager hervorragend befestigt worden war, ließ er dieselben Truppen wie vorher bei den Schiffen zum Schutz zurück und kehrte selbst dorthin zurück, von wo er losmarschiert war.

Caesar, Text 5 (B.G. VII, 12–13)

Sobald Vercingetorix von der Ankunft Caesars erfahren hatte, nahm er von der Belagerung Abstand und marschierte Caesar entgegen. Jener hatte begonnen, Noviodunum, eine Stadt der Bituriger, die am Wege lag, zu belagern. Als aus dieser Stadt Gesandte zu ihm kamen, um zu bitten, er möge ihnen Gnade gewähren und ihr Leben schonen, ließ er sie die Waffen herausgeben, die Pferde ausliefern und Geiseln stellen, um die übrigen Maßnahmen mit der Schnelligkeit zu erledigen, mit der er am meisten Erfolg gehabt hatte. Als schon ein Teil der Geiseln übergeben worden war, die übrigen Forderungen erledigt wurden und Centurionen mit wenigen Soldaten in die Stadt geschickt worden waren, die die Waffen und das Zugvieh zusammenholen sollten, wurde in der Ferne die Reiterei der Feinde gesichtet, die dem Heereszug des Vercingetorix vorausgeritten war. Sobald die Städter sie erblickt und Hoffnung auf Hilfe bekommen hatten, erhoben sie großes Geschrei und begannen, zu den Waffen zu greifen, die Stadttore zu schließen und die Stadtmauer zu besetzen. Als die Centurionen aufgrund der Handlungsweise der Städter bemerkten, dass von diesen irgendein neuer Plan gefasst werde, zückten sie ihre Schwerter, besetzten die Stadttore und zogen alle ihre Leute unversehrt zurück.

Caesar befahl der Reiterei, aus dem Lager zu rücken, und begann ein Reitergefecht. Als seine Leute in Bedrängnis gerieten, schickte er ihnen ungefähr 400 germanische Reiter zu Hilfe, die er von Anfang an wie gewöhnlich bei sich gehabt hatte. Ihrem Ansturm konnten die Feinde nicht standhalten und zogen sich, nachdem sie in die Flucht geschlagen worden waren, unter großen Verlusten zu ihrem Heer zurück. Als diese verjagt worden waren, gerieten die

Stadtbewohner erneut in Panik, ergriffen diejenigen, von denen sie glaubten, dass auf ihr Betreiben das Volk aufgewiegelt worden sei, lieferten sie Caesar aus und ergaben sich.

Caesar, Text 6 (B.C. III, 97, 3–98,3)

Nachdem er dies bemerkt hatte, teilte Caesar seine Truppen, ließ den einen Teil der Legionen im Lager des Pompeius bleiben, schickte einen anderen in sein eigenes Lager zurück, nahm vier Legionen mit sich, begann, den Anhängern des Pompeius auf einem bequemeren Wege entgegenzuziehen, und stellte, nachdem er sechs Meilen vorgerückt war, das Heer in Schlachtordnung auf. Als die Pompejaner dies bemerkten, machten sie auf einem Berg halt. Am Fuß dieses Berges floss ein Fluss entlang. Caesar ermunterte seine Soldaten und schnitt, obwohl sie aufgrund der beständigen Mühe des ganzen Tages erschöpft waren und die Nacht schon hereinbrach, dennoch durch eine Befestigung den Fluss vom Berg ab, damit die Pompejaner nachts kein Wasser holen könnten. Als diese Befestigung fertiggestellt war, schickten jene Gesandte und begannen, um eine Übergabe zu verhandeln. Die wenigen aus dem Senatorenstand, die sich mit den Pompejanern verbündet hatten, flohen in der Nacht.
Caesar befahl allen, die auf dem Berg lagerten, bei Tagesanbruch von der Höhe in die Ebene herabzukommen und die Waffen zu strecken. Als sie dies ohne Widerstand taten und mit ausgestreckten Armen zu Boden geworfen weinend Schonung von ihm erbaten, beruhigte er sie, ließ sie aufstehen, sprach zu ihnen in wenigen Worten über seine Milde, damit sie weniger Furcht empfänden, begnadigte alle und legte seinen Soldaten ans Herz, dass niemandem von ihnen ein Leid geschehen oder etwas genommen werden dürfe. Nachdem er diese Sorgfalt hatte walten lassen, ließ er die anderen Legionen aus dem Lager zu sich kommen und andrerseits diejenigen, die er bei sich hatte, eine Ruhepause einlegen und ins Lager zurückkehren, und erreichte noch am selben Tag Larisa.

Caesar, Text 7 (B.G. VII, 62)

Bei Morgengrauen waren alle unsere Leute über den Fluss gesetzt, und das Heer der Feinde wurde gesichtet. Nachdem Labienus seine Leute ermahnt hatte, an ihre frühere Tapferkeit und die vielen sehr glücklich verlaufenen Schlachten zu denken und sich vorzustellen, Caesar, unter dessen Führung sie oft den Feind besiegt hätten, sei persönlich anwesend, gab er das Signal zum Kampf. Beim ersten Zusammenstoß wurde auf dem rechten Flügel, wo die 7. Legion stand, der Feind geschlagen und in die Flucht gejagt; auf dem linken Flügel, den die 12. Legion hielt, leisteten, obwohl die ersten Reihen der Feinde, von Geschossen durchbohrt, gefallen waren, die übrigen dennoch äußerst hartnäckig Widerstand, und keiner gab auch nur den Anschein eines Fluchtgedankens. Der Anführer der Feinde, Camulogenus, stand seinen Leuten persönlich bei und feuerte sie an. Aber auch jetzt noch war der Ausgang des Kampfes ungewiss, und als den Tribunen der 7. Legion gemeldet worden war, was auf dem linken Flügel vor sich gehe, ließen sie die Legion im Rücken der Feinde aufmarschieren und griffen an. Nicht einmal in dieser Situation wich irgendeiner von seinem Platz, sondern alle wurden umzingelt und getötet. Dasselbe Schicksal teilte Camulogenus.
Diejenigen aber, die gegenüber dem Lager des Labienus zum Schutz zurückgelassen worden waren, kamen, als sie hörten, dass eine Schlacht begonnen worden sei, ihren Leuten zu Hilfe, nahmen den Hügel ein, konnten aber dem Angriff unserer siegreichen Soldaten nicht standhalten. So wurden sie zusammen mit ihren fliehenden Kameraden, außer denjenigen, welche

die Wälder und die Berge schützten, von der Reiterei getötet. Nachdem diese Aufgabe bewältigt worden war, kehrte Labienus nach Agedincum zurück, wo der Tross des gesamten Heeres zurückgelassen worden war. Von dort kam er mit allen Truppen zu Caesar.

Caesar, Text 8 (B.G. III, 7 ff.)

Weil Caesar aus allen erdenklichen Gründen annahm, Gallien sei unterworfen, und als er deshalb am Anfang des Winters nach Illyrien aufgebrochen war, brach plötzlich in Gallien ein Aufstand los. Der Anfang wurde von den Venetern gemacht; durch deren Einfluss veranlasst, verschworen sich die Nachbarstämme, alle gemeinsam denselben Ausgang des Schicksals ertragen zu wollen, und wiegelten die übrigen Stämme auf, sie sollten lieber in der Freiheit, die sie von den Vorfahren erhalten hätten, bleiben, als die Knechtschaft der Römer ertragen. Nachdem sie diese Pläne gefasst hatten, befestigten sie ihre Städte, brachten das Getreide von den Äckern in die Städte und zogen so viele Schiffe wie möglich im Land der Veneter, wo – wie bekannt war – Caesar Krieg führen werde, zusammen.
Es war ausgesprochen schwierig, diesen Krieg zu führen, trotzdem veranlassten viele Gründe Caesar dazu. Weil er nämlich einsah, dass fast alle Gallier auf Umsturz sannen und sich schnell zu einem Krieg verleiten ließen, meinte er, er müsse das Heer aufteilen und weiter auseinanderverlegen, bevor noch mehr Stämme sich verschwören würden.
Daher schickte er den Legaten Titus Labienus mit der Reiterei zu den Treverern, die dem Rhein am nächsten sind. Er trug ihm auf, die Remer und übrigen Belger zu besuchen und die Germanen, die, wie man sagte, von den Galliern zu Hilfe gerufen worden seien, zu hindern, falls sie versuchten, gewaltsam mit Schiffen den Rhein zu überqueren. Dem Publius Crassus befahl er, mit 12 Kohorten und einer großen Zahl an Reitern nach Aquitanien aufzubrechen, damit von diesen Stämmen nicht Hilfstruppen nach Gallien geschickt würden. Den Legaten Quintus Titurius schickte er mit drei Legionen zu den Venellern, damit er dafür sorge, dass dieser Stamm ferngehalten werde. Dem jungen Decimus Brutus gab er den Oberbefehl über die gallischen Schiffe, die, wie er befohlen hatte, aus den übrigen unterworfenen Gebieten zusammengekommen waren.

3   SALLUST-PRÜFUNGSTEXTE

Sallust, Text 1 (Iug. 10, 1–7)

Als kleines Kind habe ich dich, Iugurtha, als du deinen Vater verloren hattest, ohne Zukunftsaussichten und finanzielle Mittel warst, in mein Königshaus aufgenommen, in dem Glauben, dass ich dir aufgrund meiner Verdienste dir gegenüber nicht weniger lieb sein werde als meinen leiblichen Kindern. Und dieses Gefühl hat mich nicht getäuscht. Denn erst kürzlich hast du – ganz zu schweigen von deinen anderen großen und hervorragenden Leistungen – bei deiner Rückkehr aus Numantia mich und mein Reich mit Ruhm geschmückt und durch dein Verhalten uns die Römer von gewöhnlichen zu sehr engen Freunden gemacht. In Spanien ist der gute Ruf der Familie wiederhergestellt; schließlich aber hast du, was bei den Menschen äußerst schwierig ist, mit deinem Ruhm die Missgunst bezwungen.
Da ja nun der natürliche Lauf der Dinge meinem Leben ein Ende bereitet, ermahne und beschwöre ich dich bei diesem Handschlag und dem Wort eines Königs, dass du diejenigen, die

dir durch deine Herkunft Verwandte, durch mein Wohlwollen aber Brüder sind, lieb hast und dich nicht lieber Fremden zuwenden willst, als dir diejenigen zu bewahren, die dir blutsverwandt sind. Weder Heere noch Reichtümer sind die Stützen eines Königreiches, sondern Freundschaften, die du weder mit Waffen erzwingen noch dir mit Gold erwerben kannst; durch Entgegenkommen und Vertrauen werden sie erworben. Wer kann einem ein wahrerer Freund sein als der Bruder dem Bruder? Oder welchen Fremden wirst du treu finden, wenn du den deinen gegenüber feindlich gesinnt bist? Ich hinterlasse euch ein Reich, das stark ist, wenn ihr umsichtig seid, ein schwacheshingegen, wenn ihr versagt. Denn kleine Staaten wachsen durch Eintracht, durch Zwietracht aber zerfallen sogar die größten. Für dich noch mehr als für die anderen ist es Pflicht, Iugurtha, der du älter und erfahrener bist, dafür zu sorgen, dass es nicht anders kommt.

Sallust, Text 2 (Iug. 23)

Sobald Iugurtha der Meinung war, die römischen Gesandten hätten Afrika verlassen, und er die Stadt Cirta aufgrund ihrer natürlichen Befestigung nicht mit Waffengewalt erobern konnte, umgab er die Mauern mit einem Wall und einem Graben, errichtete Belagerungstürme und sicherte diese mit Posten; außerdem griff er sie Tag und Nacht mit Gewalt oder mit List an, stellte den Verteidigern der Mauern bald Belohnungen in Aussicht, bald drohte er ihnen; seine Leute hielt er durch Ermahnungen zur Tapferkeit an; kurzum: Entschlossen traf er alle Maßnahmen. Als Adherbal einsah, dass sein Leben in höchster Gefahr, der Feind hingegen kampfbereit war, eine Hoffnung auf Hilfe nicht existierte und die Auseinandersetzung mangels aller lebenswichtigen Dinge nicht in die Länge gezogen werden konnte, wählte er aus denjenigen, die mit ihm zusammen nach Cirta geflohen waren, zwei besonders zuverlässige Männer aus; indem er diesen viele Versprechungen machte und sein Schicksal beklagte, ermutigte er sie, sich nachts durch die feindlichen Befestigungen zum nahegelegenen Meer und schließlich nach Rom durchzuschlagen. In wenigen Tagen führten die Numider die Aufträge aus. Ein Brief des Adherbal wurde im Senat verlesen, dessen Inhalt folgender war:
„Nicht durch meine Schuld schicke ich so oft Bittgesuche an euch, Senatoren, sondern das gewaltsame Vorgehen Iugurthas zwingt mich dazu, den eine solche Gier, mich zu vernichten, befallen hat, dass er weder an euch noch an die unsterblichen Götter denkt und meinen Tod lieber als alles andere will. Daher werde ich, Bundesgenosse und Freund des römischen Volkes, schon den fünften Monat mit Waffengewalt belagert; und mir helfen weder die Verdienste meines Vaters Micipsa noch eure Beschlüsse; ob ich mehr durch Waffen oder durch Hunger bedrängt werde, vermag ich nicht zu sagen.
Entreißt mich diesen gottlosen Händen, bei der Würde eurer Befehlsgewalt und bei dem Schutz der Freundschaft, wenn ihr noch irgendeine Erinnerung an meinen Großvater Masinissa habt."

Sallust, Text 3 (Cat. 58, 1–10)

Ich weiß aus Erfahrung, Soldaten, dass Worte keine Tapferkeit verleihen und dass durch die Ansprache des Feldherren weder aus einem schwachen Heer ein starkes noch aus einem feigen ein tapferes wird. Welcher Mut in jedem von euch von Natur aus oder durch Gewöhnung ist, zeigt sich gewöhnlich im Kampf . Denjenigen, den weder Ruhm noch Gefahren reizen, wird man vergeblich ermutigen: Die Furcht verschließt die Ohren. Ich aber habe euch zusammengerufen, um euch einige wenige Dinge ins Gedächtnis zu rufen und um euch zugleich den Grund für meinen Entschluss darzulegen.

Ihr wißt, Soldaten, in welch große Schwierigkeiten die Unachtsamkeit und Feigheit des Lentulus ihn selbst und uns gebracht haben, und warum ich, während ich aus Rom Verstärkung erwartete, nicht nach Gallien marschieren konnte. Nun aber seht ihr alle, genauso wie ich, in welcher Situation wir uns befinden. Zwei Heere verstellen uns den Weg, das eine von Rom aus, das andere von Gallien; länger in dieser Gegend zu bleiben, auch wenn wir es noch so wünschen, verbietet uns der Mangel an Getreide und anderen Dingen; wohin wir auch immer gehen wollen, der Weg muss mit dem Schwert gebahnt werden. Deswegen ermahne ich euch, tapfer und kampfbereit zu sein und, wenn ihr in den Kampf zieht, daran zu denken, dass ihr Reichtum, Ehre, Ruhm und außerdem die Freiheit und das Schicksal des Vaterlandes in eurer Rechten haltet. Wenn wir siegen, wird uns alles sicher sein: Lebensmittel im Überfluss, Landstädte und Siedlungen werden uns offen stehen; wenn wir aber aus Furcht weichen, wird eben das Gegenteil eintreten, weder ein Ort noch ein Freund wird denjenigen schützen, den nicht seine Waffen geschützt haben.

Sallust, Text 4 (Iug. 14, 1–6)

Senatoren! Als mein Vater Micipsa starb, hat er mich angewiesen, nur die Verwaltung des Königreiches Numidien als meine Aufgabe zu betrachten, die Rechtsprechung und Regierungsgewalt hingegen lägen in euren Händen; zugleich solle ich mich im Krieg wie im Frieden bemühen, dem römischen Volk von größtmöglichem Nutzen zu sein; euch solle ich als Angehörige und Verwandte betrachten; wenn ich mich danach richtete, fände ich in eurer Freundschaft militärischen Beistand und Reichtum, die Grundfeste eines Reiches. Während ich mich nach den Vorschriften meines Vaters richtete, hat Iugurtha, der schlimmste Verbrecher, den die Erde trägt, unter Mißsachtung eurer Befehlsgewalt mich, den Enkel des Masinissa und schon von der Abstammung her Bundesgenossen und Freund des römischen Volkes, aus meinem Reich und meinen Besitztümern vertrieben. Und da ja die Anständigkeit für sich genommen wenig Schutz bietet, bin ich zu euch geflohen, Senatoren, denen ich gezwungenermaßen – und das ist mir das Schlimmste – mehr zur Last falle als von Nutzen bin. Andere Könige sind entweder nach einem verlorenen Krieg in Freundschaft von euch aufgenommen worden oder haben in bedrängter Lage eure Bundesgenossenschaft angestrebt; unsere Familie hat im Punischen Krieg den Grundstein der Freundschaft mit dem römischen Volk gelegt, in einer Zeit, in der seine Bündnistreue erstrebenswerter war als sein Glück. Lasst doch nicht zu, Senatoren, dass deren Nachkomme, ich, der Enkel Masinissas, vergeblich von euch Hilfe erbitte. Es war doch schon immer ein Zeichen der Größe des römischen Volkes, Unrecht zu verhindern und nicht zuzulassen, dass irgendjemandes Herrschaft durch Verbrechen wächst.

Sallust, Text 5 (Cat. 46–47, 1)

Nachdem all dies geschehen war, wurde alles sofort durch Boten dem Konsul gemeldet. Jenen aber beschlichen ungeheure Sorge und zugleich immense Freude. Froh war er, weil er sah, dass nach Aufklärung der Verschwörung der Staat der Gefahr entrissen war, ferner aber hatte er Angst, weil er unsicher war, was für eine Vorgehensweise angebracht sei, wenn so angesehene Bürger des schwersten Verbrechens überführt worden waren; er meinte, dass deren Bestrafung ihm Schwierigkeiten bereiten könne, Straffreiheit aber den Staat zwangsläufig ins Verderben stürzen werde. Nachdem er sich selbst Mut zugesprochen hatte, ließ er daher Lentulus, Cethegus, Statilius, Gabinius und ebenso Caeparius aus Tarracina, der vorhatte, nach Apulien aufzubrechen, um die Sklaven aufzuwiegeln, zu sich rufen. Die einen kamen ohne Verzögerung; Caeparius hatte kurz zuvor das Haus verlassen und war nach Bekanntwerden des Verrats aus der Stadt geflohen. Der Konsul führte Lentulus, weil er Prätor war, eigenhändig in den Senat, die anderen ließ er unter Bewachung in den Tempel der Concordia kommen. Dorthin rief er den Senat zusammen und führte unter zahlreicher Anwesenheit der Senatoren Volturcius mit den Gesandten herein; den Prätor Flaccus ließ er die Schachtel mit den Dokumenten, die er von den Gesandten erhalten hatte, ebendorthin bringen. Volturcius, befragt über seine Reise, die Dokumente und schließlich darüber, welche Absicht er gehabt habe und was der Grund dafür gewesen sei, erfand anfangs irgendwelche Lügen und leugnete die Verschwörung; als er aber unter Zusicherung von Straffreiheit aufgefordert worden war, auszusagen, schilderte er alles so, wie es geschehen war, und erläuterte, dass er erst vor wenigen Tagen von Gabinius und Caeparius als Mitverschwörer aufgenommen worden sei und nicht mehr wisse als die Gesandten.

4 LIVIUS-PRÜFUNGSTEXTE

Livius, Text 1 (XXVII. 29.1)

Nachdem Crispinus bemerkt hatte, dass Hannibal in das Gebiet der Bruttier aufgebrochen war, befahl er dem Militärtribunen Marcus Marcellus, das Heer, das sein Amtsgenosse befehligt hatte, nach Venusia zu führen. Er selbst brach mit seinen Legionen, wobei er wegen der Schwere seiner Wunden kaum das Schaukeln der Sänfte ertragen konnte, nach Capua auf und schrieb einen Brief nach Rom an den Senat hinsichtlich des Todes seines Amtsgenossen und darüber, in welch einer schwierigen Lage er sich selbst befinde: Er könne nicht nach Rom kommen, um die Wahlen abzuhalten, weil er einerseits die Strapazen der Reise wohl nicht ertragen könne, andererseits wegen Tarent besorgt sei, dass Hannibal vom Gebiet der Bruttier aus seinen Heereszug dorthin wende. Es sei nötig, zu ihm Legaten zu schicken, kluge Männer, mit denen er besprechen könne, was ihm hinsichtlich der Staatsführung am Herzen liege. Der Inhalt dieses Briefes löste große Trauer über den Tod des einen Konsuls und große Besorgnis um den anderen aus. Daher sandten die Senatsmitglieder einerseits Quintus Fabius zum Heer nach Venusia, andererseits wurden drei Legaten zum Konsul geschickt.
Diesen wurde befohlen, dem Konsul zu melden, dass er, wenn er nicht selbst zu den Neuwahlen nach Rom kommen könne, einen Diktator ernennen solle, um die Wahlen abzuhalten; falls der Konsul nach Tarent aufgebrochen sei, beschließe man, dass der Prätor Quintus Claudius die Legionen in das Gebiet führen solle, wo er möglichst vielen bundesgenössischen Städten Schutz bieten könne.
Am Ende dieses Jahres starb der Konsul Crispinus infolge seiner Verwundungen, nachdem er Titus Manlius Torquatus zum Diktator ernannt hatte, um die Neuwahlen abzuhalten.
So hatten, was in keinem Krieg zuvor geschehen war, zwei Konsuln den Staat gleichsam verwaist zurückgelassen, getötet, ohne in einer erinnerungswürdigen Schlacht gekämpft zu haben.

Livius, Text 2 (XXX. 20.1)

Zähneknirschend, traurig und kaum fähig, die Tränen zurückzuhalten, soll Hannibal die Worte der Gesandten angehört haben. Nachdem diese Befehle ausgesprochen waren, sagte er: „Nicht mehr indirekt, sondern mit deutlichen Worten rufen mich diejenigen zurück, die schon früher immer wieder versucht haben, mich durch das Verwehren von Unterstützung und Geld zurückzuholen. Also hat nicht das römische Volk, welches so oft besiegt und in die Flucht geschlagen worden ist, Hannibal besiegt, sondern der karthagische Senat durch Eifersucht und Missgunst. Scipio wird über die Schmach meiner Rückkehr nicht so sehr triumphieren und sich brüsten wie Hanno, der meine Familie mit dem Untergang Karthagos ins Unglück stürzt, weil er es anders nicht konnte."

Da er dies schon im Grunde seines Herzens vorausgeahnt hatte, hatte er schon vorher Schiffe vorbereiten lassen. Nachdem er scheinbar zum Schutz eine kampfunfähige Schar an Soldaten in die Städte der Bruttier entlassen hatte, welche, weil sie so wenige waren, mehr durch Furcht als durch Treue zusammengehalten wurden, setzte er mit dem Kern des Heeres nach Afrika über. Man sagt, dass selten irgendeiner, als er das Vaterland verließ, um ins Exil zu gehen, so traurig fortgegangen sei wie Hannibal, als er das Land seiner Feinde verließ. Er habe oft zur Küste Italiens zurückgeblickt, wobei er Götter und Menschen anklagte, auch sich selbst und sein Leben verfluchte, weil er nicht sein Heer, das noch vom Sieg bei Cannae blutbefleckt gewesen sei, nach Rom geführt habe.

Scipio, der als Konsul nie den punischen Feind in Italien gesehen habe, habe es gewagt, nach Karthago zu gehen, er hingegen sei bei Casilinum, Cumae und Nola alt geworden, seit 100 000 Bewaffnete am Trasimenischen See, bei Cannae getötet worden seien.

Während er diese Anklagen und Klagen ausrief, wurde er von der langjährigen Besetzung Italiens abberufen.

Livius, Text 3 (XXIII. 33.1)

Auf diese Auseinandersetzung der beiden mächtigsten Völker der Erde hatten alle Könige und Völker ihre Aufmerksamkeit gerichtet, unter ihnen Philipp, König von Makedonien. Sobald dieser gerüchteweise erfahren hatte, dass Hannibal die Alpen überquert habe, war er zwar erfreut, dass zwischen den Römern und den Puniern Krieg ausgebrochen war, aber, da das Kräfteverhältnis bisher ausgeglichen war, unschlüssig, welchem der beiden Völker er den Sieg lieber gönne. Nachdem in drei Schlachten die Punier den dritten Sieg davongetragen hatten, wandte er sich der erfolgreicheren Seite zu und schickte Gesandte zu Hannibal. Sie mieden die Häfen Brundisium und Tarent, weil diese durch römische Schiffe bewacht wurden, und gingen beim Tempel der Iuno im Vorgebirge Lacinia an Land. Als sie von dort aus durch Apulien nach Capua reisten, gerieten sie mitten in eine römische Besatzungstruppe und wurden zu dem Praetor Valerius Laevinius geführt, der in der Nähe von Luceria sein Lager hatte. Dort gab Xenophanes, der Anführer der Delegation, furchtlos an, dass er vom König Philipp geschickt worden sei, um ein Bündnis und Freundschaft mit dem römischen Volk zu schließen. Er habe Angebote für die Konsuln, den römischen Senat und das römische Volk. Der Prätor war wegen des Abfalls alter Bundesgenossen erfreut über die neue Bündnisbereitschaft eines so angesehenen Königs und nahm die, die bis dahin als Feinde gegolten hatten, wie Gastfreunde auf. Er gab ihnen Leute mit, die sie begleiten, ihnen die Wege genau zeigen sollten und welche Gebiete und welche Pässe die Römer, welche die Feinde besetzt hielten. Xenophanes gelangte durch die römischen Besatzungen ins Lager Hannibals, schloss mit diesem Freundschaft und ein Bündnis mit dem Versprechen, dass König Philipp mit einer möglichst großen Flotte übersetzen werde.

Livius, Text 4 (XXXI. 10.1)

Als die Aufmerksamkeit aller auf den makedonischen Krieg gerichtet war, kam plötzlich das Gerücht über einen gallischen Aufstand auf. Mehrere Stämme waren unter Führung des Puniers Hamilkar, der in dieser Gegend vom Heer des Hasdrubal übriggeblieben war, in Placentia eingedrungen; nachdem die Stadt geplündert und im Zorn größtenteils angezündet worden war, und sich kaum noch 2000 Menschen zwischen den Bränden und Ruinen befanden, marschierten die Stämme, nachdem sie den Po überquert hatten, weiter, um Cremona zu plündern. Die Nachricht von der Niederlage der Nachbarstadt gab den Bewohnen Zeit, die Tore zu schließen, Schutzmannschaften auf den Mauern zu stationieren und Boten zum römischen Prätor zu schicken.
Lucius Furius Purpurio stand damals der Provinz voran. Er hatte auf Senatsbeschluss das restliche Heer bis auf 5000 Bundesgenossen und Latiner entlassen. Mit diesen Truppen hatte er in einem der Provinz benachbarten Gebiet in der Nähe von Ariminum haltgemacht. Er schrieb darauf dem Senat, in welchem Aufruhr sich die Provinz befinde: Die eine der beiden Kolonien sei von den Feinden eingenommen und geplündert, die andere werde belagert; durch sein Heer gebe es nicht genügend Schutz für die Siedler, die sich in Bedrängnis befänden; es sei denn, er wolle 5000 Bundesgenossen 40 000 Feinden – so viele stünden nämlich unter Waffen – entgegenschicken, um sich niedermetzeln zu lassen, und durch eine so große Niederlage seinerseits die schon durch die Vernichtung der römischen Kolonie hochmütig gewordenen Feinde bestärken. Nachdem dieser Brief vorgelesen worden war, beschloss man, dass der Konsul Gaius Aurelius persönlich aufbrechen solle, um den gallischen Aufstand niederzuschlagen.

Livius, Text 5 (XXII. 39.1)

In Italien führen wir Krieg, auf unserem Grund und Boden. Alles um uns herum ist voll von Mitbürgern und Bundesgenossen; sie unterstützen uns mit Waffen, Männern, Pferden und Lebensmitteln und sie werden es auch weiterhin tun: Diesen Beweis für ihre Treue haben sie uns schon in für uns schlimmen Situationen gegeben. Die Zeit und jeder Tag macht uns stärker, klüger und sicherer. Hannibal dagegen befindet sich in fremdem und feindlichem Land, alles um ihn herum ist ihm äußerst feindlich gesinnt, er ist fern von zu Hause, fern von der Heimat, weder zu Lande noch zu Wasser herrscht Frieden für ihn. Keine Stadt, keine Stadtmauer nimmt ihn auf. Nichts sieht er, was ihm gehört. Er hat kaum noch ein Drittel des Heeres, welches er über den Ebro gesetzt hat. Mehr sind durch Hunger als durch das Schwert umgekommen, und für diese wenigen steht kaum genügend Nahrung zur Verfügung. Zweifelst du daher, dass wir ihn, der ja von Tag zu Tag schwächer wird, weder Lebensmittel, noch Unterstützung noch Geld hat, durch Ausharren besiegen werden? Wie lange liegt er schon vor den Mauern von Gereonium, einem armseligen Kastell in Apulien, untätig zu Felde, als ob er vor den Mauern Karthagos lagere?
Dies ist der einzige Weg zur Rettung, Lucius Paulus, den dir deine Mitbürger schwerer und bedrohlicher machen als die Feinde es tun. Deine Soldaten wollen dasselbe, was die Soldaten

der Feinde wollen, der Konsul Varro will dasselbe, was der punische Imperator Hannibal will. Du allein musst zwei Führern widerstehen. Du wirst ihnen widerstehen, wenn du standhaft genug gegen alle Gerüchte der Menschen bist, wenn dich weder die eitle Ruhmsucht deines Amtskollegen noch deine eigene falsche Scham motivieren.

5 SENECA-PRÜFUNGSTEXTE

Seneca, Text 1 (ep. 104, 13–18)

Was konnte das Reisen allein (je) irgendjemandem nützen? Es hat nicht die Genusssucht gemäßigt, nicht die Leidenschaften gezügelt, nicht die Anfälle von Zorn verdrängt, nicht ungehemmte Attacken der Liebe gebändigt und schließlich kein einziges Übel aus der Seele entfernt. Es hat nicht Urteilsfähigkeit beschert, keinen Irrtum zerstreut, sondern einen lediglich für einen kurzen Augenblick durch eine gewisse Neuartigkeit der Lebensumstände gefesselt, wie ein Kind, das Unbekanntes bestaunt.
Ansonsten wird die bereits unstete Seele in dem Punkt gereizt, an dem sie am meisten kränkelt, und gerade das Hin und Her macht eben diese noch schwankender und unsteter. Daher verlassen jene Menschen die Orte, die sie mit größter Sehnsucht aufgesucht hatten, noch sehnsüchtiger und durcheilen sie Vögeln gleich und verschwinden schneller, als sie gekommen waren. Das Reisen wird dir zwar die Kenntnis von Völkern vermitteln, neue Gebirgsformationen zeigen; ansonsten aber wird es dich weder besser noch gesünder machen.
Mit Studien müssen wir uns beschäftigen und mit den Koryphäen der Weisheit, um das Erforschte zu lernen, das noch nicht Entdeckte hingegen zu erforschen: So muss die Seele von der schlimmsten Sklaverei losgekauft werden und wird in die Freiheit gesetzt. Solange du aber nicht weißt, was du meiden, was du anstreben musst, was notwendig, was überflüssig, was gerecht, was ungerecht, was ehrenvoll, was unehrenhaft ist, wird dies nicht reisen, sondern umherirren bedeuten.
Dies Hin und Her wird dir keine Hilfe bringen, denn du reist mit deinen Leidenschaften und deine Schwierigkeiten folgen dir. O wenn sie doch folgen würden! Dann wären sie weiter weg von dir: Nun trägst du jene mit dir, ziehst sie aber nicht hinter dir her. Daher bedrängen sie dich überall und belasten dich mit den selben Unannehmlichkeiten. Der Kranke muss ein Heilmittel, nicht aber eine andere Umgebung suchen. Was also? Glaubst du, dass eine an so vielen Stellen gebrochene Seele durch einen Ortswechsel geheilt werden kann?

Seneca, Text 2 (ep. 28, 1–6)

Du wunderst dich, dass du durch eine so weite Reise und durch so viele Ortswechsel die Traurigkeit und die Schwermütigkeit deiner Seele nicht vertrieben hast? Glaubst du, dass nur dir allein dies passiert ist? Du musst deine Einstellung ändern, nicht hingegen das Klima wechseln.
Du magst ein wüstes Meer durchquert haben, deine Schwächen aber werden dir folgen, wohin auch immer du gehst. Was kann dich eine Veränderung der Landschaften erfreuen? Was das Kennenlernen von Städten oder Landschaften? Du fragst, warum dir eben jene Flucht nichts nützt? Du fliehst mit dir selbst! Du musst die Last der Seele ablegen: Vorher wird dir kein Ort gefallen. Du gehst von hier nach dort, um die in dir wohnende Schwere abzuschütteln, die

durch eben das Hin und Her belastender wird. Was auch immer du tust, du handelst dir zuwider und durch den Ortswechsel selbst schadest du dir. Wenn du aber eben jenes Übel beseitigst, wird dir jede Ortsveränderung angenehm werden; du magst in die entlegensten Länder verbannt werden: Jener Wohnsitz – wie beschaffen er auch ist – wird dir gastlich sein. Es ist wichtiger, als welcher Mensch du kommst, als wohin du kommst, und deswegen dürfen wir unsere Seele keinem bestimmten Ort preisgeben.

Mit folgender Überzeugung muss man leben: «Ich bin nicht für einen einzigen Winkel geboren, diese ganze Welt ist meine Heimat.» Wenn dir dies klar wäre, würdest du dich nicht darüber wundern, dass dir die Vielfalt der Orte nichts nützt, an die du dich nacheinander begibst, da du der früheren überdrüssig bist. Der erstbeste hätte dir gefallen, wenn du ihn ganz für deine Heimat hieltest. Nun reist du nicht, sondern irrst herum und lässt dich treiben und ziehst von Ort zu Ort, obwohl jenes, was du suchst – eben glücklich zu leben – überall zu finden ist.

Seneca, Text 3 (ep. 15, 1–3)

Die Alten hatten die Gewohnheit, die sich bis zu meiner Zeit erhalten hat, den ersten Worten eines Briefes hinzuzufügen: „Wenn du gesund bist, ist es gut; ich bin gesund."

Wir aber tun recht daran zu sagen: „Wenn du philosophische Studien treibst, ist es gut." Denn dies bedeutet letztendlich gesund zu sein; ohne Philosophie ist der Geist krank: Und auch der Körper ist, selbst wenn er große Kräfte besitzt, nicht anders stark als der eines Wahnsinnigen oder Geisteskranken. Also kümmere dich in erster Linie um diese Gesundheit, dann auch um jene andere, die dich nicht teuer zu stehen kommen wird, wenn du wirklich gesund sein willst. Denn, mein Lucilius, dumm und für einen gebildeten Mann äußerst unangemessen ist die Beschäftigung damit, die Arme zu trainieren, den Hals zu dehnen und die Hüften zu kräftigen. Wenn dir eine Mastkur geglückt ist und die Muskeln gewachsen sind, wirst du niemals die Kräfte noch das Gewicht eines wohlgenährten Ochsen erreichen. Bedenke nun noch, dass der Geist auf Grund eines zu großen Körpergewichtes erdrückt wird und weniger flexibel ist. Daher halte, soweit du kannst, deinen Körper in Schranken und erweitere den Raum für deinen Geist.

Viele Nachteile ergeben sich für diejenigen, die dieser Beschäftigung vollends erlegen sind: zunächst die Leibesübungen, deren Anstrengung den Geist erschöpft und ihn unfähig zur Konzentration und anspruchsvolleren Studien macht; zudem wird durch die Fülle an Nahrung der Scharfsinn abgestumpft. Hinzu kommen Sklaven von schlechtester Eignung, die für den Unterricht in den Leibesübungen angestellt worden sind, außerdem Menschen, beschäftigt mit Einölen und Weintrinken, denen der Tag nach Wunsch verlaufen ist, wenn sie ordentlich geschwitzt haben und wenn sie anstelle dessen, was dem Körper entströmt ist, ihm viel an Flüssigkeit wiedergegeben haben. Trinken und Schwitzen ist das Leben eines Magenkranken.

Seneca, Text 4 (ep. 50, 1–4)

Ich habe deinen Brief viele Monate, nachdem du ihn abgeschickt hattest, erhalten. Daher hielt ich es für überflüssig, denjenigen, der den Brief brachte, zu fragen, was du so treibst. Er müsste nämlich ein ausgezeichnetes Gedächtnis haben, wenn er sich erinnerte. Und dennoch hoffe ich, dass du bereits so lebst, dass ich, wo auch immer du bist, weiß, was du tust. Was tust du nämlich anderes, als dass du dich täglich bemühst, besser zu werden, dass du irgendetwas von deinen Irrtümern ablegst, dass du begreifst, dass es deine Fehler sind, die du den (äußeren) Umständen anlastest.

Eine unglaubliche aber wahre Begebenheit erzähle ich dir, mein Lucilius: Die Dienerin meiner Frau konnte plötzlich nicht mehr sehen, aber sie weiß nicht, dass sie blind ist, sie sagt, das Haus sei finster. Es sollte dir klar sein, dass das, was wir bei jener lächerlich finden, uns allen passiert: Niemand begreift, dass er habgierig ist, niemand begreift, dass er egoistisch ist. Die Blinden suchen wenigstens noch nach einem Führer, wir hingegen irren ohne Führer herum und sagen: „Ich bin nicht ruhmsüchtig, aber niemand kann in Rom anders leben. Ich bin nicht verschwenderisch, die Stadt selbst aber erfordert großen finanziellen Aufwand. Es ist nicht mein Fehler, dass ich jähzornig bin und dass ich mich noch nicht auf eine bestimmte Lebensweise festgelegt habe: Die Jugend bewirkt dies." Warum machen wir uns etwas vor? Unser Übel befindet sich nicht auf der Außenseite: In uns ist es, tief im Innersten sitzt es, und deswegen werden wir so schwer gesund, weil wir nicht wissen, dass wir krank sind. Wann werden wir, wenn wir est einmal angefangen haben, uns selbst zu heilen, die so großen Kräfte so vieler Krankheiten abschütteln? Nun aber suchen wir noch nicht einmal einen Arzt auf, der weniger Mühe hätte, wenn er zu einem eben erst angebrochenen Leiden hinzugezogen würde.

Seneca, Text 5 (ep. 47, 1–5)

Mit Freude habe ich von denjenigen Leuten, die von dir kommen, erfahren, dass du mit deinen Sklaven freundschaftlichen Umgang pflegst: Dies entspricht deiner Klugheit, dies entspricht deiner Bildung. „Sie sind Sklaven." Im Gegenteil, sie sind Menschen. „Sie sind Sklaven." Im Gegenteil. Sie sind Hausgenossen. „Sie sind Sklaven." Im Gegenteil, sie sind Freunde von niedrigem Stand. „Sie sind Sklaven." Im Gegenteil, sie sind Mitsklaven, wenn du bedenkst, dass das Schicksal gegen beide Gruppen in gleichem Maße walten darf. Daher lache ich über diejenigen, die es für schändlich halten mit ihren Sklaven zu speisen. Warum, wenn nicht deshalb, weil eine äußerst anmaßende Gewohnheit den Herrn beim Mahl mit einer Schar von stehenden Sklaven umgeben hat.

Er isst mehr, als er vertragen kann und belastet mit ungeheurer Gier den Magen, der zum Platzen voll ist und schon nicht mehr an die eigentliche Aufgabe des Magens gewöhnt ist. Den unglücklichen Sklaven aber ist es nicht einmal dazu, um zu reden, gestattet die Lippen zu bewegen; mit der Rute wird jegliches Murmeln unterdrückt, und nicht einmal ungewollte Geräusche bleiben von Schlägen verschont: Husten, Niesen, Schluckauf; während der ganzen Nacht stehen sie mit nüchternem Magen und stumm. So kommt es, dass diejenigen, denen es nicht erlaubt ist, in Gegenwart des Herrn zu reden, über den Herrn reden.

Jene aber, denen nicht nur in Gegenwart der Herren, sondern auch mit den Herren selbst zu reden gestattet war, und deren Maul nicht gestopft wurde, waren bereit, für ihren Herren den Hals hinzuhalten und eine ihm drohende Gefahr auf ihr eigenes Haupt zu lenken; bei den Mahlzeiten sprachen sie, unter der Folter aber schwiegen sie. So wird immer wieder folgendes Sprichwort erwähnt, das von eben dieser Arroganz zeugt: Es gebe ebenso viele Feinde wie Sklaven. Wir haben jene nicht zu Feinden, sondern machen sie uns zu Feinden.